Schöningh

EinFach Deutsch
Unterrichtsmodell

Sophokles, Anouilh, Brecht u. a.

Antigone

in Vergangenheit und Gegenwart

Erarbeitet von
Margret Behringer

Herausgegeben von
Johannes Diekhans

Baustein 4: Anouilh „Antigone" (S. 63–77 im Modell)

4.1	Personen und Handlung	ges. Text	Textarbeit Arbeitsblatt 13
4.2	Kreon	Textausgabe S. 87–92	Schreibauftrag Textarbeit Arbeitsblatt 14
4.3	Antigone	Textausgabe S. 84–86	Schreibauftrag Arbeitsblatt 15
		Textausgabe S. 58–61	Schreibauftrag Arbeitsblatt 16
4.4	Kreon versus Antigone	Textausgabe S. 88–92	Textarbeit Schreibauftrag
4.5	Das Ende des Dramas	Textausgabe S. 92–93	Textarbeit szenisches Spiel
4.6	Entwurf eines Bühnenbildes	ges. Text	Bastelauftrag

Baustein 5: Brecht „Vorspiel" und Gedicht (S. 78–92 im Modell)

5.1	Gedicht „Antigone"	Textausgabe S. 94–102 S. 111–131	Schreibauftrag Textarbeit
5.2	Brecht und der Widerstand: Das Vorspiel	Textausgabe S. 98–102	Textarbeit Arbeitsblatt 17
		Brecht: Maßnahmen gegen die Gewalt	Arbeitsblatt 18 Textarbeit
5.3	Dramentheorie		Arbeitsblatt 19 Textarbeit Arbeitsblatt 20 Schreibauftrag
5.4	Inszenierung	Textausgabe S. 98–102	szenisches Spiel

Baustein 6: Hochhuth, Langgässer und Böll (S. 93–103 im Modell)

6.1	Hochhuth „Die Berliner Antigone"	ges. Text	Textarbeit Arbeitsblatt 21 Textarbeit Arbeitsblatt 22
		Textausgabe S. 54, 93 und 124f.	Textarbeit
6.2	Langgässer „Die getreue Antigone"	ges. Text	Textarbeit Arbeitsblatt 23
6.3	Antigone als Politikum in der jüngeren Vergangenheit	Textausgabe 132–137	Textarbeit Arbeitsblatt 24

Antigone in der Vergangenheit und Gegenwart

Baustein 1: Götter und Menschen (S. 19–28 im Modell)

1.1	Das Erste Standlied	V. 332–375	Textarbeit Arbeitsblatt 1
	Das Verhältnis zwischen Göttern und Menschen	Textausgabe S. 55–56	Arbeitsblatt 2 Textarbeit
1.2	Die Entstehung des griechischen Theaters	Textausgabe S. 57–62	Textarbeit Schreibauftrag Arbeitsblatt 3
1.3	Die Vorgeschichte: Ödipus und der Fluch der Labdakiden	Textausgabe S. 69–74	Textarbeit Arbeitsblatt 4 Schreibauftrag

Baustein 2: Orientierung im Text (S. 29–35 im Modell)

2.1	Handlungsverlauf und Struktur	Szenenbilder ges. Text	Schreibauftrag Arbeitsblatt 5 Textarbeit
2.2	Personenkonstellation	ges. Text	Textarbeit Szenisches Spiel

Baustein 3: Gegenspieler (S. 36–62 im Modell)

3.1	Antigone und Ismene	Bild V.1–100 V.526–582	Schreibauftrag Arbeitsblatt 6 Textarbeit Textarbeit Schreibauftrag
3.2	Kreon und Antigone	V.162–210 V.666–676 V.223–326 Szenebilder V. 442–525 V.442–581 V.639–765	Schreibauftrag Arbeitsblatt 7 Textarbeit Arbeitsblatt 8 Textarbeit Arbeitsblatt 9 szenisches Spiel Textarbeit Zusatzmaterial 4
3.3	Kreon und Haimon	V.632–765 V.639–680 V.683–723 V.726–766	Schreibausftrag Arbeitsblatt 10 Textarbeit Textarbeit
3.4	Kreon und Teiresias	V.988–1090 Textausgabe S. 52–54	Textarbeit szenisches Spiel Textarbeit Arbeitsblatt 11
3.5	Der Chor	Textausgabe S. 63–64 ges. Text	Textarbeit Arbeitsblatt 12 Szenisches Spiel

Bildnachweis

S. 9:	Maria-Luise Bodirsky, www.keramik-atelier.bodirsky.de (2006)
S. 25:	Nationalmuseum Athen
S. 30, 31, 34, 35:	Szenenbilder der Aufführung der Münchner Kammerspiele 2004. Fotos: Andreas Pohlmann
S. 54:	Marie Spartali Stillmann (1844–1927). Fundstelle: Liz Greene/ Juliet Sharman-Burke: Die mythische Reise. München 2004, S. 44
S. 56:	oben: Foto: Sepp Bär, Kassel; unten: Foto: Lore Bermbach
S. 75:	Foto: Daniel Hartmann
S. 102:	akg-images/Electa
S. 119:	oben: akg-images/Nimatallah; unten: Neapel: Archäologisches Nationalmuseum
S. 121:	Foto: Hildegard Steinmetz

www.schoeningh-schulbuch.de
Schöningh Verlag, Jühenplatz 1–3, 33098 Paderborn

Druck 5 4 3 / Jahr 2011 10 09
Die letzte Zahl bezeichnet das Jahr dieses Druckes.

Umschlaggestaltung: Jennifer Kirchhof
Druck und Bindung: Media-Print Informationstechnologie GmbH, Paderborn

ISBN 978-3-14-022405-5

Vorwort

Der vorliegende Band ist Teil einer Reihe, die Lehrerinnen und Lehrern erprobte und an den Bedürfnissen der Schulpraxis orientierte Unterrichtsmodelle zu ausgewählten Ganzschriften und weiteren relevanten Themen des Faches Deutsch bietet.
Im Mittelpunkt der Modelle stehen Bausteine, die jeweils thematische Schwerpunkte mit entsprechenden Untergliederungen beinhalten.
In übersichtlich gestalteter Form erhält der Benutzer/die Benutzerin zunächst einen Überblick zu den im Modell ausführlich behandelten Bausteinen.

Es folgen:

- Hinweise zu den Handlungsträgern
- Zusammenfassung des Inhalts und der Handlungsstruktur
- Vorüberlegungen zum Einsatz des Textes im Unterricht
- Hinweise zur Konzeption des Modells
- Ausführliche Darstellung der einzelnen Bausteine
- Zusatzmaterialien

Ein besonderes Merkmal der Unterrichtsmodelle ist die Praxisorientierung. Enthalten sind kopierfähige Arbeitsblätter, Vorschläge für Klassen- und Kursarbeiten, Tafelbilder, konkrete Arbeitsaufträge, Projektvorschläge. Handlungsorientierte Methoden sind in gleicher Weise berücksichtigt wie eher traditionelle Verfahren der Texterschließung und -bearbeitung.
Das Bausteinprinzip ermöglicht es dabei den Benutzern, Unterrichtsreihen in unterschiedlicher Weise und mit unterschiedlichen thematischen Akzentuierungen zu konzipieren. Auf diese Weise erleichtern die Modelle die Unterrichtsvorbereitung und tragen zu einer Entlastung der Benutzer bei.

Das vorliegende Modell bezieht sich auf folgende Textausgabe: Sophokles, Anouilh, Brecht u. a., Antigone in Vergangenheit und Gegenwart. Paderborn: Schöningh Verlag 2005. Best. Nr. 022406 0

Arbeitsfrage

Einzelarbeit

Partnerarbeit

Gruppenarbeit

Unterrichtsgespräch

Schreibauftrag

szenisches Spiel, Rollenspiel

Mal- und Zeichenauftrag

Bastelauftrag

Projekt, offene Aufgabe

Inhaltsverzeichnis

„Zum Hasse nicht, zur Liebe bin ich“

(Sophokles: Antigone, Vers 523, in der Übersetzung von Hölderlin)

Maria-Luise Bodirsky: Antione Skulptur, 2002 (Achtteilig, Steinzeug)

Personen

Antigone: Tochter des Ödipus und der Jokaste und Schwester von Eteokles, Polyneikes und Ismene. Als ihr Onkel Kreon, der Herrscher von Theben, verbietet, die Leiche ihres Bruders Polyneikes zu beerdigen, widersetzt Antigone sich dem Befehl. Heimlich begräbt sie ihren Bruder, wie es das Gesetz der Götter und die Familientreue vorschreiben. Sie wird gefasst, zum Tode verurteilt und in ein Felsengrab eingeschlossen. Dort erhängt sie sich.

Ismene: Tochter des Ödipus und Schwester der Antigone. Sie weigert sich, Kreons Gebot zu übertreten. Deswegen wird sie von Antigone verachtet. Kreon will auch Ismene verhaften, lässt sie allerdings auf Anraten des Chors wieder frei.

Kreon: König von Theben, vermählt mit Eurydike. Onkel der Kinder des Ödipus. Nach der Schlacht um Theben ordnet Kreon ein Staatsbegräbnis für Eteokles an. Gleichzeitig erlässt er das Bestattungsverbot für Polyneikes. Damit verstößt Kreon gegen die ungeschriebenen Gesetze der Götter. Er gerät in Konflikt mit Antigone.

Eurydike: Gemahlin Kreons und Mutter Haimons, des Verlobten der Antigone. Eurydike tritt erst am Ende des Dramas in Erscheinung. Als sie vom Tod ihres geliebten Sohnes hört, verflucht sie Kreon und bringt sich um.

Haimon: Sohn Eurydikes und Kreons, Verlobter Antigones. Er rebelliert gegen seinen Vater und verteidigt Antigones Tat. Als Kreon trotz der eindringlichen Warnungen Haimons seine Verlobte verhaftet und zum Tode verurteilt, will sich Haimon an Kreon rächen. Der Vatermord misslingt. Haimon stürzt sich in sein Schwert.

Teiresias: Berühmtester Seher der Antike. Er vertritt die Rechte der Götter und setzt sich für Antigone ein. Er beschwört Kreon, die Leiche des Polyneikes zu bestatten und Antigone zu befreien. Doch Kreon schlägt den Rat aus und versteigt sich dazu, den Seher zu verdächtigen. Die von Teiresias prophezeite Katastrophe trifft ein.

Der Chor: Den Chor bilden greise und erfahrene Mitglieder des Rates der Stadt Theben. Der Chor kommentiert das Geschehen und mischt sich auch urteilend in die Handlung ein, teils für, teils gegen die Protagonisten Partei ergreifend. In den großen Chorliedern, die von den Choreuten gesungen werden, geht es um existenzielle Fragen des menschlichen Lebens: das Verhältnis von Göttern und Menschen, Schicksal, Schuld und Strafe.

Ein Wächter: Der Wächter, durch Los ausgewählt, muss Kreon die Nachricht von Antigones Tat überbringen. Erst beim zweiten Versuch wird Antigone gefasst. Der Wächter führt sie Kreon vor und kann sich vor dem drohenden Tod retten.
Der Wächter repräsentiert das einfache Volk. Im Dialog mit Kreon weist seine Rede unfreiwillig komische Elemente auf.

Ein Diener des Königs: Der Diener tritt am Ende des Dramas auf. Er verkündet die Katastrophe und berichtet von den Ereignissen außerhalb der Bühne (Botenbericht).

Inhalt

Vorbemerkung

Das auf der Bühne gezeigte Geschehen der „Antigone" ist Teil der gesamten Handlung um die Geschichte des Ödipus. Den Zuschauern von damals waren die Figuren und ihre Geschichte so vertraut, wie es uns heutzutage bestimmte Sagen oder Märchen sind, die zum Grundbestand unseres literarischen Wissens gehören.
Das antike Drama musste also die Vorgeschichte nicht gesondert erwähnen. Auch der Ausgangspunkt des Konflikts und das Ende der Handlung waren bereits bekannt, sodass sich die Erwartungen des Zuschauers auf die individuelle Gestaltung des Stoffs durch den Autor richteten. Die antiken Tragödiendichter entwickelten bei der Behandlung der mythischen Stoffe ihre je eigene Handschrift.[1]

Prolog	Vor dem Palast von Theben, in dem Kreon herrscht, sprechen die beiden Töchter des Ödipus, Antigone und Ismene, über das Bestattungsverbot. Kreon hat bei Todesstrafe verboten, Polyneikes' Leichnam zu beerdigen. Antigone ist entschlossen, sich über dieses Edikt Kreons hinwegzusetzen. Sie will den Bruder bestatten, wie es das ungeschriebene Gesetz der Götter befiehlt. Ismene dagegen fürchtet die Strafe Kreons und schreckt vor der Tat zurück. Sie erkennt zwar das sittliche Recht der Götter an, hält sich aber für zu schwach, gegen Kreons Gebot zu verstoßen. Für Antigone dagegen gibt es kein Zögern: Sie muss ihrem Bruder die letzte Ehre erweisen, wie es die Götter vorschreiben. Die drohenden Konsequenzen halten sie nicht von ihrem Entschluss ab.
Erstes Einzugslied des Chors	Der Chor erinnert an das vergangene Geschehen, den Kampf der Sieben gegen Theben, in den sich die Götter eingeschaltet haben. Die beiden Brüder, Eteokles und Polyneikes, haben sich gegenseitig erschlagen. Theben ist gerettet. Der Chor ruft zum Siegesfest unter der Führung des Gottes Dionysos auf.
Erster Auftritt	Kreon wendet sich an die Thebaner. In einer Art Regierungserklärung stellt er die Grundsätze seiner Herrschaft dar und rechtfertigt sein Edikt. Er verlangt ausnahmslosen Gehorsam. Der Chor pflichtet ihm bei: „Wo ist der Tor, den's nach dem Tode lüstet?" (V. 220). Was Kreon befürchtet hat, tritt ein: Einer der Wächter, die Polyneikes' Leichnam bewachen sollten, bringt die Nachricht, dass das Gesetz übertreten worden sei. Kreon ist außer sich. Aus Furcht vor Strafe kommt der Wächter mit der Wahrheit nur zögernd heraus. Seine Ausflüchte führen immer wieder zu unfreiwilliger Komik. Kreon reagiert erwartungsgemäß mit der Androhung der Todesstrafe für den Fall, dass die Wächter den Täter nicht fassen.
Erstes Standlied	Das berühmte Chorlied, das die „ungeheuren" Taten des Menschen besingt. Schon in dem Wort „ungeheuer" liegt die Ambivalenz, die das menschliche Wesen bestimmt. Den Menschen treibt es „[b]ald zum Bösen und wieder zum Guten" (V. 365). Nur der Tod kann seinem Tatendrang Grenzen setzen (V. 360). Der Chor erblickt den Wächter, der Antigone hereinführt. Er ahnt das kommende Unheil und bricht in Klagen aus.

[1] Nähere Informationen zu Sophokles' dramatischem Werk vgl. Textausgabe S. 67f.

Zweiter Auftritt	Der Wächter erscheint zum zweiten Mal, nun mit Antigone, die er bei der Bestattung des Leichnams gefangengenommen hat. Auf Kreons bohrende Fragen antwortet er mit einer ausführlichen Darstellung des Tathergangs. Kreon schickt den Wächter fort und unterzieht Antigone einem Verhör. Dieser für das Verständnis des Dramas zentrale Dialog lässt die Positionen der beiden Protagonisten unvermittelt aufeinandertreffen. Kreon sieht sich bedroht durch die Missachtung seines Gebots und die Unverschämtheit, mit der Antigone sich ihres Ungehorsams rühmt. Er ist außer sich: nicht nur, weil es jemand wagt, sich ihm zu widersetzen, sondern auch, weil dies ausgerechnet durch eine Frau geschieht. So fühlt er sich doppelt herausgefordert. Antigone verteidigt ihre Handlung unbeeindruckt von der Todesdrohung. Sie sieht sich im Recht, weil sie nach den Gesetzen der Götter gehandelt hat. Und die Götter befehlen, die Toten zu bestatten. Also ist es ihr Schicksal, zu lieben und nicht zu hassen (V. 523). Ismene erscheint und ergreift Antigones Partei: Sie erklärt sich als mitschuldig, wird aber von Antigone schroff zurückgewiesen. Ismene soll nicht den Tod mit ihr teilen. Ein letzter Appell Ismenes an Kreons Mitgefühl scheitert. Antigones Tod ist beschlossen. Auch das Verlöbnis Antigones mit seinem Sohn Haimon hält Kreon nicht von seiner Entscheidung ab.
Zweites Standlied	Der Chor erinnert an den Fluch, der über dem Hause des Labdakos liegt. Antigone werde als letztes Mitglied der Familie das Schicksal erfüllen. Aber Unheil drohe nicht nur Antigone, sondern allen Menschen, die dem Willen der Götter hilflos ausgeliefert seien, auch wenn sie sich in törichter Hoffnung darüber hinwegtäuschten (V. 615ff.).
Dritter Auftritt	Parallel zur großen Auseinandersetzung Kreons mit Antigone stellt diese Szene die unvereinbaren Positionen von Vater und Sohn gegeneinander. Nachdem Haimon dem Vater seinen Respekt erwiesen hat, begründet Kreon noch einmal seine Entscheidung, Antigone hinzurichten. Seine Staatsraison gebiete ihm, so zu handeln, denn nur Zucht schaffe Ordnung und erhalte den Staat. Antigones Tat habe diese Ordnung zerstört. Haimon widerspricht Kreon: Er spiegelt zunächst die Sicht des Volkes wider. Er warnt Kreon, das Volk stehe auf Antigones Seite. Danach appelliert er an Kreon, umzukehren und seinen Irrtum einzugestehen. Der kurze Einwurf des Chors gibt diesmal Haimon Recht, nachdem er zuvor Kreon beigepflichtet hat. Aber Kreon bleibt starrsinnig. Er treibt Haimon in die Verzweiflung und führt den endgültigen Bruch herbei. Kreon verkündet nun, dass Antigone lebendig begraben werden solle.
Drittes Standlied	Der Chor interpretiert das Geschehen auf seine Weise: Eros habe seine Hand im Spiel. Er und seine Mutter Aphrodite, die Göttin der Liebe, beherrschten Götter und Menschen. Eros verleite die Menschen, die Gesetze zu brechen. Das Standlied schafft eine Verbindung zum folgenden Wechselgesang zwischen Antigone und dem Chor.
Vierter Auftritt	Das Klagelied führt eine gewandelte Antigone vor. Sie beklagt ihr Schicksal: Dem Tod vermählt werde sie niemals die Freuden des Lebens genießen. Doch der Chor spendet keinen Trost. Seine Worte kann Antigone nur als Spott verstehen. Er wirft ihr vor, selbst an ihrem Untergang schuld zu sein, sie müsse für das Vergehen des Vaters büßen. In einer großen Rechtfertigungsrede beteuert Antigone nochmals, die Rechte der Götter geachtet zu haben, und ergibt sich zuletzt in ihr Schicksal.
Viertes Standlied	Der Chor thematisiert noch einmal die Macht des Schicksals. Er führt drei Beispiele mythischer Gestalten an, die alle ein Schicksal ähnlich dem der Antigone erlitten haben.

Fünfter Auftritt	Der Auftritt des blinden Sehers Teiresias stellt den Höhepunkt der Spannung dar: Noch einmal erhält Kreon die Chance, sich zu besinnen und seinen Entschluss rückgängig zu machen. Der weise Seher spricht im Namen der Götter: Bei der Opferung und der Vogelschau hätten sie ihm ihren Willen kundgetan. Kreon habe ihre Gesetze übertreten und er solle bestraft werden. Doch Kreon will nicht hören. Teiresias' Warnungen schlägt er in den Wind, schlimmer noch, er erniedrigt den Seher. Der rächt sich mit der Vorhersage der grausamen Katastrophe. Erst als der Seher ihn verlassen hat, beginnt Kreon zu zweifeln. Der Chor unterstützt seine Bedenken. Kreon versucht, in letzter Minute das Unglück abzuwenden. Aber die Einsicht, dass die Gesetze der Götter auch für ihn gelten, kommt zu spät.
Fünftes Standlied	Der Chor ruft Dionysos, den Schutzgott Thebens, um Hilfe an. Er beschwört die Orte und nennt die Gelegenheiten, bei denen Dionysos schon einmal Beistand gewährt hat. Durch die Stellung dieses Chorliedes unmittelbar vor der Katastrophe erhält das Chorlied besondere Brisanz. Es steigert noch den Eindruck der Vergeblichkeit allen menschlichen Bemühens, das Schicksal abzuwenden.
Schlussszene	Der Bote berichtet dem Chor und der herbeieilenden Eurydike vom Ende Antigones und Haimons. Antigone habe sich erhängt, Haimon, den Vater verfluchend, sich selbst erstochen. Eurydike kehrt schweigend ins Haus zurück. Es folgt Kreons letzter Auftritt. An der Bahre Haimons klagt Kreon sich an und bekennt sich schuldig. Der Botenbericht verkündet das Schicksal Eurydikes. Sie habe sich das Schwert ins Herz gestoßen. Nach Kreons verzweifelter Klage über sein unglückliches Geschick endet das Drama mit den Worten des Chors. Er lobt die Besonnenheit als das höchste Glück, das dem Menschen auf der Erde gegeben sei.

Vorüberlegungen zum Einsatz des Dramas im Unterricht

Die Beschäftigung mit dem Mythos und die Behandlung mythologischer Erzählungen im Deutschunterricht der Sekundarstufe I und II haben sich in den letzten Jahren intensiviert. Das zeigen viele Beiträge in fachdidaktischen Zeitschriften zum antiken Drama, aber auch zu modernen Adaptationen der mythologischen Stoffe. Trotz vieler Prognosen vom Untergang des Mythos lebt er in der Kunst und Literatur fort: Aus den mythologischen Erzählungen lassen sich immer neue Anregungen schöpfen.[1]

Das steigende Interesse am Thema „Mythos" spiegelt sich auch im Literaturunterricht der Sekundarstufen I und II wider. Zum Beispiel schlägt der Lehrplan Deutsch des Landes NRW ein Unterrichtsvorhaben „Mythische Muster in Dramen und Erzähltexten [und Medientexten] unterschiedlicher Epochen" im Rahmen des Halbjahresthemas „Vergangenheit in der Gegenwart" vor.[2] Ebenso finden sich in den neueren Lehrwerken für das Fach Deutsch und in deutschdidaktischen Zeitschriften diverse Unterrichtsvorschläge zu diesem Thema. Zu wichtigen literarischen Neuerscheinungen bieten die Verlage auch Unterrichtshilfen an.[3]

Nicht zuletzt die Ergebnisse der PISA-Studie haben gezeigt, wie wichtig kulturelle Wissensbestände für die Lesekompetenz der Schülerinnen und Schüler sind. Auch aus dieser Sicht ist die Vermittlung „großer Erzählungen" im Deutschunterricht von besonderer Bedeutung.[4]

Eine der anschaulichsten und für die Schule besonders geeigneten mythologischen Erzählungen ist zweifellos die Geschichte der „Antigone". Sie hat wie kaum ein anderer Mythos seit der klassischen Bearbeitung durch Sophokles weitergewirkt und in vielen Neubearbeitungen ihre Aktualität bewahrt. In den Neufassungen werden „zwei Hauptlinien sichtbar [...]: die Darstellung des *Widerstands* eines Einzelnen gegen die Staatsgewalt und die Darstellung einer in Krieg und Unheil sich behauptenden *Menschlichkeit"* (Schadewaldt). Die in der vorliegenden Textausgabe versammelten Auszüge aus den modernen Antigone-Fassungen geben für beide „Hauptlinien" Beispiele.

Dass sich der Antigone-Stoff für die unterrichtliche Bearbeitung gut eignet, liegt nicht zuletzt an der Attraktivität seiner Heldin, die sich wegen ihres rigoros humanen Verhaltens als Identifikationsfigur gerade für junge Leserinnen und Leser anbietet.

Die in unsere heutige Welt transponierte Figur der „Antigone" im gleichnamigen Werk des französischen Dramatikers Anouilh stellt eine gelungene Weiterverarbeitung des antiken Mythos in modernem Gewand dar. Auch 40 Jahre nach seiner Entstehung wirkt das Stück immer noch ansprechend. Jugendliche lassen sich von der existenzialistischen Unbedingtheit, mit der Antigone ihren Weg verfolgt und jeglichen Kompromiss verachtet, beeindrucken.

---

1 Dazu ausführlich: Rolf Grimminger: Der *Mythos,* die Kunst und die antimoderne Moderne. In: DU 6/99, S. 8ff. (Basisartikel). In dem Heft finden sich anregende Unterrichtsbeispiele zum o.g. Thema.

2 MSWWF (Hg.): Richtlinien und Lehrpläne für die Sekundarstufe II/Gymnasium/Gesamtschule in Nordrhein-Westfalen. Deutsch. Frechen 1999 (Ritterbach), S. 60.

3 In der vorliegenden Reihe z. B. zu Christa Wolfs „Medea, Stimmen" und zu „Kassandra".

4 Vgl. dazu Hartmut Eggert: Literarische Texte und ihre Anforderungen an die Lesekompetenz. In: Norbert Groeben/Bettina Hurrelmann (Hg.): Lesekompetenz, Bedingungen, Dimensionen, Funktionen. Weinheim, München 2002 (Juventa), S. 186–194. Eggert nennt fünf Merkmale der „ästhetisch-literarischen Rezeptionskompetenz": Fiktionsbewusstsein, Gattungswissen, Kontextwissen, kulturelles Wissen (Kenntnis von Mythen, Märchen etc.) sowie Leselust.
Ebenso: Eva-Maria Kabisch: Warum wir lesen, was wir lesen. In: Mitteilungen des Deutschen Germanistenverbandes, Heft 4, 2003, S. 518–527.

Ein zweiter Rezeptionsstrang führt in die deutsche Geschichte zur Zeit des Nationalsozialismus. Brechts „Die Antigone des Sophokles" und die beiden Prosafassungen von Hochhuth und Langgässer stellen die Geschichte Antigones in den politischen Kontext des Widerstands in der Diktatur. Antigone widersetzt sich der herrschenden Macht und behauptet ihre Menschlichkeit.
Eine eindeutig politische Lesart hat auch Bölls kurze Satire. Sie spiegelt die Diskussion der 70er- und 80er-Jahre über die Rechtmäßigkeit von staatlicher Gewaltanwendung im Kampf gegen den RAF-Terror wider.
Betrachtet man die literarischen Neuerscheinungen der letzten Jahrzehnte, so fällt auf, dass mythologische Geschichten von Frauen weiterhin den Stoff für Romane und Erzählungen liefern.[1] Das Thema bleibt also von hoher Aktualität.

Vorschläge für Klausuren sind im Zusatzmaterial 10, S. 120ff. enthalten.

[1] Besonders zu erwähnen sind die Romane von Christa Wolf zum Medea- und Kassandra-Mythos sowie auch der autobiographische Roman von Grete Weil: Meine Schwester Antigone. Frankfurt/Main 1982 (Fischer Taschenbuch), (s. Zusatzmaterial 1, S. 104f.).

Konzeption des Unterrichtsmodells

Die vorliegende Textausgabe und das Unterrichtsmodell zu „Antigone“ möchten einen breiten Zugang zu verschiedenen literarischen Verarbeitungen des antiken Mythos öffnen, denn der antike Text erschließt sich den Schülerinnen und Schülern besser, wenn sie sich auch mit dessen Weiterverarbeitungen in der Moderne beschäftigen. Sie erhalten exemplarisch Einblick in die Wirkungs- und Rezeptionsgeschichte eines klassischen Werkes und erweitern bzw. festigen ihre Kenntnisse im Bereich der kulturellen Tradition.

Das Modell gliedert sich in drei Bereiche:
Der erste umfasst eine gründliche Auseinandersetzung mit der griechischen Tragödie des Sophokles. Dabei wird die Interpretation nach den thematischen Schwerpunkten und den Problembereichen ausgerichtet, die sich bei einer intensiven Lektüre des Werkes auftun. Neben der Beschäftigung mit den inhaltlichen Problemen sind auch der historische Hintergrund und die Analyse der Dramenstruktur Gegenstand der Arbeit. Dabei geht es um die Vermittlung grundlegender Kenntnisse dramatischer Formen und ihre Weiterentwicklung.
Der zweite Schwerpunkt liegt auf der Arbeit mit den modernen Fassungen des Antigone-Stoffes. Hier steht die Erarbeitung der „Antigone“ von Anouilh an erster Stelle. Die übrigen Neufassungen schließen sich an. Bei der Arbeit mit den modernen Texten wird immer wieder der Vergleich mit dem griechischen Original hergestellt.
Für den Unterricht bietet das Modell ein Repertoire an didaktischen und methodischen Möglichkeiten. Didaktische Prinzipien, die die Struktur des vorliegenden Modells leiten, sind folgende:

- Vergleichendes Lesen als Methode problemorientierten Arbeitens: Vergleichende Lektüre soll verstehensfördernd eingesetzt werden, denn sie ist „ein vorzügliches Erkenntnismittel, das den Blick schärft, eine überprüfbare Argumentation erleichtert und die Entwicklung von Deutungshypothesen anregt.“[1] Das vorliegende Arrangement der verschiedenen Fassungen der „Antigone“ eignet sich dafür besonders gut.
- Die Förderung des Diskurses in der unterrichtlichen Lernsituation: Fragestellungen und Aufgaben sollen Anregungen für problemorientierte Diskussionen geben.[2]
- Die Berücksichtigung kontextbezogenen, konstruktiven Lernens durch die stete Einbeziehung sowohl lebensweltlicher als auch unterrichtlich erworbener Kenntnisse und Erfahrungshorizonte.
- Die Präferenz vorstellungsbildender Methoden: Soweit möglich und sinnvoll, werden inszenierende und vorstellungsbildende Verfahren[3] genutzt, um das Verstehen anzuregen und zu stützen. Diese Methoden sollen nicht nur unterrichtlicher Belebung dienen, sondern neben dem analytischen Zugriff auch affektive, nicht analytische Verstehenszu-

[1] Margret Behringer/Juliane Köster: Romane der Gegenwart: Literarisches Schreiben heute. Handreichungen für den Unterricht. Berlin 2003 (Cornelsen), S. 4.

[2] Vgl. Gerhard Eikenbusch: Qualität im Deutschunterricht der Sekundarstufe I und II. Berlin: 2001 (Cornelsen Scriptor).
Juliane Köster: Die Profilierung einer Differenz. Aufgaben zum Textverstehen in Lern- und Leistungssituationen. 7./8. Jahrgangsstufe. In: Deutschunterricht 5/2003, S. 19ff.
Juliane Köster: Konzeptuelle Aufgaben – Jenseits von Orientierungslosigkeit und Gängelei. In: Juliane Köster, Will Lütgert, Jürgen Creutzburg (Hg.): Aufgabenkultur und Lesekompetenz. Deutschdidaktische Positionen. Frankfurt am Main 2004 (Peter Lang), S. 165–184.

[3] Unter den Publikationen zu inszenierenden Methoden sei besonders verwiesen auf: Marcel Kunz: Spieltext und Textspiel. Szenische Verfahren im Literaturunterricht der Sekundarstufe II. Seelze 1997 (Kallmeyer).

gänge öffnen. Diesem Ziel dienen auch Visualisierungen (z. B. von Schauplätzen und Personen).[1]

- Darüber hinaus fördert das Modell auch konsequent die analytische Textarbeit. Die Aufgaben leiten die Schülerinnen und Schüler an, Verstehenshypothesen textbezogen zu validieren und textbezogen zu begründen?[2]

Baustein 1: In diesem Baustein geht es um die ausführliche Erarbeitung von Hintergrundinformationen zum antiken Menschenbild und zur Entstehung des Dramas. Die Schülerinnen und Schüler sollen zudem auch Kenntnisse über die antiken Theaterbauten und über die Aufführungspraxis erlangen.
Soweit möglich, sollen Vorerfahrungen der Schülerinnen und Schüler aus eigenen Theaterbesuchen einbezogen werden. Im Vergleich zu heutigen Theateraufführungen wird die Andersartigkeit des antiken Theaters besonders deutlich.

Baustein 2: Dieser Baustein dient der Orientierung. Die Schülerinnen und Schüler sollen einen Überblick über den Handlungsverlauf gewinnen und den strukturellen Aufbau des antiken Dramas kennenlernen. In einem weiteren Erarbeitungsschritt werden die Figuren des Dramas vorgestellt und ihre Beziehungen zueinander geklärt.

Baustein 3: Nachdem die grundlegende Personenkonstellation erarbeitet worden ist, soll es in diesem Baustein darum gehen, die Struktur der Personenkonstellation zu erkennen und zu interpretieren. Entsprechend den Bedingungen des antiken Theaters waren nur maximal drei Sprecherpartien zeitgleich auf der Bühne zu realisieren. Die personale Grundstruktur konzentrierte sich also auf jeweils ein Dialogpaar, das sich von Fall zu Fall durch den hinzutretenden Chor erweitern konnte. Das bedeutet für die Figurenkonstellation der „Antigone" die Herausbildung von drei zentralen Figurenpaaren, die den Hauptteil der Sprecherrollen bestreiten: Ismene und Antigone, Antigone und Kreon sowie Haimon und Kreon. Zu diesen Oppositionspaaren treten noch zwei Nebenpaare: Kreon und der Wächter sowie Kreon und Teiresias hinzu. In einigen kürzeren Abschnitten übernimmt auch der Chor einen dialogischen Part.

Baustein 4: In diesem Baustein geht es um die bekannteste Neufassung des antiken Dramas, Jean Anouilhs „Antigone" von 1942. Die unterrichtliche Erarbeitung orientiert sich an den in der Textausgabe ausgewählten Auszügen. Diese Auswahl bezieht sich sowohl auf Gemeinsamkeiten als auch auf Differenzen in der Handlungs- und Konfliktgestaltung zwischen dem antiken Drama und der modernen Fassung. Interessant ist die Frage, wie es Anouilh gelingt, eine moderne Version der „Antigone" zu schaffen, die auf jegliche Weltdeutung verzichtet; mit anderen Worten: Wie kann das Handeln Antigones motiviert werden, wenn metaphysische Bezüge irrelevant geworden sind?

Baustein 5: In diesem und dem folgenden Baustein 6 geht es um Antigone als Figur des Widerstands im und nach dem Zweiten Weltkrieg. Brecht, Hochhuth und Langgässer stellen in ihren Werken die Problematik humanen Verhaltens in „finsteren Zeiten" aus unterschiedlichen Perspektiven dar.

---

1 Unter den zahlreichen Veröffentlichungen zu diesem Thema (z. B. von K.H. Spinner, G. Waldmann) sei an dieser Stelle hingewiesen auf das Themenheft „Vorstellungsbildung" der Zeitschrift „Praxis Deutsch" und den Basisartikel von Ulf Abraham: Vorstellungs-Bildung und Deutschunterricht. In: Praxis Deutsch 154, 1999, S. 14ff.

2 Grundlegend dazu: Jürgen Grzesik: Textverstehen lernen und lehren: Geistige Operationen im Prozess des Textverstehens und typische Methoden für die Schulung zum kompetenten Leser (Grundlagentexte Schulpädagogik), Stuttgart 1990 (Klett).

Brecht bearbeitet die „Antigone" Hölderlins neu und stellt dem Drama mehrere Texte voran, unter anderem das bekannte Gedicht „Antigone" und eine Szene („Vorspiel"), die 1945 während der Luftangriffe auf Berlin spielt.[1] Mit diesen Texten arbeiten die Schülerinnen und Schüler in diesem Baustein. Ergänzend dazu werden Brechts Parabel „Maßnahmen gegen die Gewalt" und Texte zur Theatertheorie von Anouilh und Brecht behandelt.

Baustein 6: Auch in den Prosatexten von Hochhuth und Langgässer findet das Geschehen in den letzten Kriegstagen des Zweiten Weltkriegs bzw. in der Zeit unmittelbar nach dem Krieg statt. In den beiden Erzählungen steht das antike Motiv des Bestattungsverbotes im Vordergrund. Hochhuth greift direkt auf Dokumente zurück, die im Zusammenhang der Verurteilung und Hinrichtung von am Widerstand beteiligter Frauen entstanden (vgl. die Widmung ‚An Marianne' und das Epitaph, Textausgabe S. 112, S. 125). Die Handlung seiner Novelle spielt in diesem historischen Rahmen.
In Langgässers Kurzgeschichte geht es um die Erinnerung an einen im KZ ermordeten Mann, den Bruder der Protagonistin Carola. Da sie die Umstände seines Todes und sein Grab nicht kennt, hat sie sich die Grabstätte eines unbekannten Soldaten gesucht und pflegt nun dessen Grab stellvertretend für das des ermordeten Bruders.
Abschließend geht es in diesem Baustein um die Frage der politischen Wirksamkeit von Literatur in heutiger Zeit. Stellvertretend für diese Problematik sollen die Schülerinnen und Schüler die Böll-Satire „Die verschobene Antigone" im Rahmen der politischen Situation der 80er-Jahre bearbeiten und Informationen über die spektakuläre Jubiläums-Aufführung von Brechts „Antigone" in Berlin 1989, kurz vor dem Fall der Mauer, erhalten.

Organisation des Lese- und Arbeitsprozesses:

Bevor die eigentliche Lektüre des sophokleischen Dramas erfolgt, sollte der **Baustein 1** mit den Vorinformationen zum antiken Menschenbild, zum Mythos und zur Entstehung des antiken Dramas erarbeitet werden (vgl. Textausgabe und Baustein 1). Das kann auch zeitsparend in arbeitsteiliger Gruppenarbeit geschehen. Parallel zu dieser Arbeitsphase sollte die Lektüre des Dramas erfolgen.

---

[1] Wer sich genauer über Brechts Bearbeitung von Hölderlins „Antigone" informieren möchte, sei auf die knappe Interpretation von Käte Hamburger in ihrem Werk: Von Sophokles zu Sartre. Griechische Dramenfiguren antik und modern, Stuttgart 1962, S. 108ff., verwiesen. Eine ausführlichere Untersuchung von Brechts „Antigone Modell" (1948) findet sich bei Eberhard Hermes: Interpretationshilfen. Der Antigone-Stoff, Stuttgart 1992 (Klett), S. 113ff.

Die thematischen Bausteine des Unterrichtsmodells

Baustein 1

Götter und Menschen

Im **Baustein 1** geht es um das für das Verständnis des Dramas wichtige Hintergrundwissen. Der Baustein besteht aus drei Teilen:

1. Das Verhältnis von Göttern und Menschen
2. Die Entstehung des griechischen Theaters und die Aufführungspraxis
3. Der Mythos der Labdakiden

Die Materialien, auf die sich die Aufgaben beziehen, entstammen der Textausgabe zur „Antigone". Die Sachtexte fassen in knapper Form Informationen zu den drei Themenbereichen zusammen. Die Lehrperson sollte die Schülerinnen und Schüler anregen, die Informationen aus der Textausgabe durch eigene Recherchen zu ergänzen. Beispielsweise lassen sich für Kurzreferate Abbildungen von Götterstandbildern, Tempelanlagen, Theaterbauten, Landschaften etc. dem Internet entnehmen (z. B. Google-Bilder) und als anschauliche Ergänzungen verwenden. Anlage und Architektur der Theaterstätten stehen in enger Beziehung zur Entstehungsgeschichte und Aufführungspraxis des griechischen Dramas.
Soweit möglich, sollten die Schülerinnen und Schüler die Ergebnisse auf Wandzeitungen, Lernplakaten oder Schaubildern sichern und für die weitere Arbeit zur Verfügung stellen. Das Aufgabenangebot ist als Pool gedacht, aus dem die Lehrperson, je nach Kompetenz der Lerngruppe und Zeitbudget, auswählen kann.
Während der Arbeit an diesem Baustein haben die Schülerinnen und Schüler Zeit, das Drama gründlich zu lesen.

1.1 „Antigone": Das erste Standlied

In diesem ersten Schritt sollen die Schülerinnen und Schüler das erste Standlied aus der „Antigone" erarbeiten. In ihm spiegelt sich das Menschenbild der Antike wider: Der Mensch ist groß, seine Fähigkeiten sind unbegrenzt, aber er ist den Göttern in seiner Sterblichkeit unterlegen.

Das Chorlied besingt den Menschen in seinen „ungeheuren" Möglichkeiten. Wie im Deutschen ist auch der griechische Begriff „das Ungeheure" mehrdeutig. Einerseits verweist er auf unbegrenzte Fähigkeiten, andererseits aber auch auf das Furchterregende, das mit diesen Kräften verbunden ist.
Das Lied gliedert sich in zwei Komplexe: Zunächst gilt der Lobpreis den Fähigkeiten, die der Mensch im Umgang mit der Natur (dem rauen Meer, der unbeackerten Erde) entwickelt

hat. Der ‚besonnene' Mensch kann die entfesselte Natur (V. 334–336) bezwingen, er „fährt seinen Weg". Auch die „Erde", die symbolisch die unermüdlich gleichbleibende Sphäre göttlichen Ursprungs bezeichnet, macht er sich mit der Kraft seiner Rösser untertan. „Der Pflug erscheint als Metapher für die tätige Kraft des Menschen, der die Erde beständig bearbeitet. Zugleich wird dem ewigen Kreislauf der Natur die menschliche Zeit, die sich von Jahr zu Jahr erstreckt, als eine verhältnismäßig kurze Zeitspanne gegenübergestellt."[1]
In den beiden folgenden Strophen finden sich weitere Beispiele menschlicher Größe: In seiner übergroßen Klugheit (V. 346ff.) hat der Mensch die Technik des Fischfangs entwickelt und nutzt die Überlegenheit seines Verstandes bei der Zähmung starker, wilder Tiere. Auch in seinem eigenen Lebensbereich hat er Großes geleistet: Er hat gelernt, sich verständlich zu machen und seine Gemeinschaft zu organisieren (vgl. V. 354ff.). Vor den Unbilden der Natur weiß er sich zu schützen und allen Widrigkeiten zu begegnen, sodass, wie der Chor abschließend feststellt, „nichts, was kommt", den Menschen überraschen könne (vgl. V. 359f.). Umso schwerer wiegt die Aussage der letzten Zeilen des letzten Verses: Die Größe des Menschen ist nicht unbegrenzt, der Tod ist die alles entscheidende Macht, die den Menschen in Schranken hält. Er allein ist unbesiegbar (vgl. V. 361f.).
Die letzte Strophe kann als Resümee gelesen werden: Die menschlichen Fähigkeiten lassen Entscheidungen zu, „[b]ald zum Bösen und wieder zum Guten" (V. 367). Maßstab richtigen Handelns sind die Ehrung der „Landesart"(V. 368), also die Beachtung der Gesetze, und die Befolgung des „Götterrecht[s]" (V. 369).
Die letzten Verse leiten mit der Warnung vor „Frevelmut" (V. 371) zum zentralen Konflikt des Dramas über. Der, der sich „bösen Sinn" zugesellt (V. 371), wird aus der Gemeinschaft des Staates ausgeschlossen und findet auch keine persönliche Freundschaft (vgl. V. 374) mehr.
Die Erarbeitung des Standliedes (Textausgabe S. 22f.) kann auf zwei unterschiedliche Weisen erfolgen, entweder über einen Bildimpuls oder einen Cluster (s. **Arbeitsblatt 1 und 2, S. 25 und 26**).

1. Variante (Arbeitsblatt 1): Nach eingehender Lektüre des Standliedes sollen die Schülerinnen und Schüler durch die Abbildung des Jünglings von Antikythera einen ersten Verstehensimpuls erhalten. Die zweite Aufgabe lenkt den Blick auf die zentrale Aussage des Standliedes, die Ambivalenz von Macht und Begrenztheit des Menschen. Die Schülerinnen und Schüler erhalten folgende Aufgaben:

- *Betrachten Sie die Skulptur und lesen Sie anschließend das erste Chorlied aus der „Antigone" (Textausgabe S. 22f.). Erstellen Sie ein Profil des dort beschriebenen Menschen. Nutzen Sie dazu die Textfelder.*
- *Interpretieren Sie Ihr Schaubild unter der Fragestellung: Ist der hier beschriebene Mensch ein ‚Übermensch'?*
- *Analysieren Sie anschließend das erste Chorlied.*

2. Variante (Arbeitsblatt 2): Die Schülerinnen und Schüler entwickeln zunächst Ideen zur Sentenz des Chorliedes: „Ungeheuer ist viel, doch nichts/Ungeheuerer als der Mensch." Erst danach lesen und erarbeiten sie den Text. Die Schülerinnen und Schüler erhalten folgende Aufgaben:

- *Erstellen Sie einen Ideenstern zur obigen Sentenz: „Ungeheuer ist viel, doch nichts/ Ungeheuerer als der Mensch". Welche Assoziationen erweckt bei Ihnen diese Aussage (Zustimmung/Ablehnung)?*

[1] A. Geisenhanslüke: Sophokles, Antigone. München 2003 (Oldenburg) (Oldenburg Interpretationen 92), S. 46. (In seiner Interpretation zieht der Autor weitere wichtige Kontexte für das Verständnis des Textes heran.)

- *Vergleichen Sie Ihre Vorstellungen mit dem Text des ersten Chorliedes. Ergänzen Sie ggf. Ihre Ideen.*
- *Analysieren Sie anschließend das erste Chorlied.*

Lösungen zum Arbeitsblatt 1, S. 25:

Erwartet wird, dass die Schülerinnen und Schüler zunächst die Figur des „David" betrachten, aus deren Haltung und Mimik eine innere Kraft spricht. Die passenden Textstellen können auch dem Sinn nach wiedergegeben werden. Folgende korrespondierende Textstellen aus dem Standlied lassen sich in die Felder eintragen:

Der Mensch als Seemann: Er beherrscht das tosende Meer (V. 334–337)

Der Mensch als Bauer: Er beackert die Erde unermüdlich (V. 340–341)

Der Mensch als Jäger: Er beherrscht die Tiere, jagt und zähmt sie (V. 342ff.)

Der Mensch als Denker: Er organisiert die Gesellschaft und regelt sein Leben (V. 354ff.)

Bei dem Vergleich von Bildcollage und Text wird deutlich, dass der Mensch alle Fähigkeiten eines Übermenschen hat. Er verfügt über unbegrenzte Möglichkeiten, sein Leben zu gestalten. Dennoch hat er Grenzen, die die Zeit ihm setzt. Denn am Ende eines jeden Lebens steht der Tod, über den der Mensch keine Macht hat.
Die Detailanalyse (auch als Hausaufgabe möglich) wird sich an der vorangestellten Interpretation orientieren, wobei auch die formale Gestaltung des Gedichtes einzubeziehen ist.

Lösungen zum Arbeitsblatt 2, S. 26:

Die Ergebnisse des Clusters (Gruppenarbeit) sind nicht genau vorherzubestimmen. Ob der Satz Zustimmung oder Ablehnung findet, hängt von den lebensweltlichen Erfahrungen der Schülerinnen und Schüler ab. Möglicherweise stoßen diese auch schon auf den Begriff „ungeheuer" und interpretieren ihn als ambivalent. Die Ergebnisse sollen zunächst in der Gruppe besprochen und abschließend im Plenum gesammelt werden.
Der Vergleich der eigenen Vorstellungen von menschlicher Größe mit den Beispielen aus dem Standlied wird auf Differenzen aufmerksam machen, die im Unterrichtsgespräch thematisiert werden (archaische vs. moderne Lebenswelt).
Im Anschluss an die Interpretation des Standliedes sollen die Schülerinnen und Schüler sich mit den Sachtexten zum Menschenbild der Antike (s. Textausgabe S. 55f.) beschäftigen. Sie erhalten folgende Aufträge:

- *Lesen Sie den Text von Jean Pierre Vernant (Textausgabe S. 55f.) und machen Sie sich Stichpunkte zu folgenden Fragen:*
  - *Wie charakterisiert Vernant das Verhältnis von Göttern und Menschen?*
  - *Worin unterscheidet es sich von unseren heutigen (religiösen) Vorstellungen?*

Die Ergebnisse lassen sich wie folgt darstellen:

Verhältnis von Göttern und Menschen in der Antike	**Heutige Vorstellungen**
1. Die Götter besitzen keine als göttlich definierten Eigenschaften. 2. Sie sind wie die Menschen integraler Bestandteil des Kosmos (z. B. ist Gaia sowohl die Erde, auf der wir leben, als auch eine Göttin). 3. Die Menschen sind vergänglich, zu Alter und Tod verdammt. 4. Es besteht eine unüberwindliche Grenze zwischen Menschen und Göttern. 5. Die Menschen sollen sich nicht zu Göttern aufschwingen.	(hier sind unterschiedliche Ergebnisse möglich)

Bei den folgenden Arbeitsschritten sollen die Schülerinnen und Schüler Recherchen anstellen: Sie erhalten folgende Aufgaben als Hausaufgabe oder Gruppenaufträge:

- *Recherchieren Sie im Internet (z. B. bei Google) oder in einem elektronischen Wörterbuch (z. B. Encarta) zu den Begriffen: Mythos, Mythologie.*
- *Tragen Sie Ihre Ergebnisse in Form eines kurzen Lexikonartikels zusammen.*

1.2 Die Entstehung des griechischen Theaters

In einem weiteren Erarbeitungsschritt geht es um die Entstehung des antiken Dramas. Dieser Arbeitsschritt lässt sich auch als Kurzreferat gestalten. (Weitere Informationen lassen sich dem Text von Wolfgang Schadewaldt [s. Arbeitsblatt 11, S. 60f.] entnehmen.) Die Schülerinnen und Schüler sollen sich mit den besonderen Entstehungsbedingungen des griechischen Theaters vertraut machen und eine Vorstellung von den Spielorten, an denen die ersten Theateraufführungen stattfanden, bekommen.
Sie erschließen sich den Text „Das Fest der Polis" (Textausgabe S. 57ff.) und bearbeiten folgende Aufgaben (s. **Arbeitsblatt 3, S. 27**):

- *Lesen Sie den Text „Das Fest der Polis" (Textausgabe S. 57ff.) und tragen Sie die wichtigsten Informationen in die unten stehende Tabelle ein. Die Abbildungen der antiken Theaterbauten helfen Ihnen, sich genaue Vorstellungen zu machen. Im Internet finden Sie weitere bildliche Darstellungen, z. B. bei Google-Bilder.*
- *Bereiten Sie einen kurzen Vortrag vor. Wenn Sie eigene Theatererfahrungen haben, beziehen Sie diese in Ihren Vortrag ein.*

Die Ergebnisse können stichwortartig in folgendem Tafelbild zusammengefasst werden:

Wichtige Aspekte zur Entstehung und Praxis des antiken Theaters

- Herkunft des Theaters aus dem Kult
- Weiterentwicklung des einstimmigen Kultgesangs zu dialogischer Form
- Wechsel von Sprechgesang und Dialog
- Konzentration auf das Wort: steter Wechsel von Rede und Gegenrede
- Mythos als lebensweltliches Wissen des Publikums
- Begrenztheit der technischen Möglichkeiten
- Enger Spielraum der antiken Bühne
- Keine psychologische Handlungsführung
- Ablauf von Handlungsteilen hinter der Bühne
- Botenbericht und Mauerschau (Teichoskopie)
- Wechsel der Rollen durch Masken
- Chor als Kommentator und Mitspieler

1.3 Die Vorgeschichte: Ödipus und der Fluch der Labdakiden

Zur Vorbereitung auf die Lektüre des Dramas sind grundlegende Kenntnisse der Vorgeschichte der Labdakiden unerlässlich. Hilfe bieten hierbei die Zusatztexte aus der Textausgabe, das Schaubild zur Genealogie und der Text „Fluch der Labdakiden" (Textausgabe S. 70ff.). Eine geografische Grundorientierung gibt die Karte des antiken Griechenlands (Textausgabe S. 76f.).

Als Einstieg soll über den Begriff „Ödipuskomplex" auf das Vorwissen der Schülerinnen und Schüler zurückgegriffen werden. Sie können ihre Kenntnisse in Form eines Clusters an der Tafel sammeln oder als Recherche ausführlicher zu Hause erarbeiten.

- *Recherchieren Sie in einem Lexikon/im Internet zum Begriff „Ödipuskomplex". Welche Informationen finden Sie? Fassen Sie Ihre Ergebnisse in einer Definition zusammen.*
- *Recherchieren Sie, was man unter einem „Tabu" und einem „Tabubruch" versteht.*

Damit die Schülerinnen und Schüler einen Überblick über die verwickelten Verwandtschaftsverhältnisse des Labdakiden-Geschlechts erhalten, sollen sie den genealogischen Stammbaum in das vorliegende Schaubild eintragen (s. **Arbeitsblatt 4, S. 28**). Die Abschrift der genealogischen Tafel ist sinnvoll, denn auf diese Weise werden die komplizierten Namen und verwandtschaftlichen Beziehungen der Personen vertrauter.
Die Vorgeschichte im Detail sollen die Schülerinnen und Schüler anhand des Textes „Der Fluch der Labdakiden" erarbeiten. Wichtig ist, dass von vornherein das Zusammenwirken von Schuld und Tragik, das sich in der von göttlichem Fluch getroffenen Familie des Labdakos von Geschlecht zu Geschlecht vererbt, deutlich wird. Durch unwissentlich begangene Tabubrüche verstricken sich die Abkömmlinge des Labdakos immer tiefer in tragische Aus-

weglosigkeit. Auf der letzten Generation der Ödipuskinder lastet folglich die Bürde aller Verfehlungen ihrer Vorfahren. Der Brudermord von Eteokles und Polyneikes bildet den Endpunkt des Familienschicksals. Antigone und Ismene müssen sich als letzte Mitglieder ihres Stamms den Folgen stellen. Wie werden sie mit ihrem Schicksal umgehen? Wie sollen sie sich in ihrer auswegslosen, tragischen Situation entscheiden?

Die Schülerinnen und Schüler erhalten folgende Aufgaben:

- *Lesen Sie den Text und betrachten Sie den Stammbaum der Labdakiden (Textausgabe S. 69–75). Markieren Sie wichtige Informationen im Text und ergänzen Sie das Schaubild.*
- *Ziehen Sie Schlüsse aus Ihren Ergebnissen. Was lässt sich über das Schicksal der Ödipus-Familie sagen?*
- *Wie beurteilen Sie anhand des Schaubildes und Ihrer Kenntnisse die Situation der beiden Schwestern Antigone und Ismene? Erklären Sie vor diesem Hintergrund die ersten Worte Antigones (V. 1–6).*

Die Ergebnisse können im folgenden Tafelbild zusammengefasst werden:

Der Fluch der Ödipus-Familie: Tabubrüche	**Das Schicksal der beiden Schwestern**
• Kindstötung bzw. Aussetzung des Ödipus • Vatermord des Ödipus • Inzest des Ödipus mit Jokaste • Selbsttötung der Jokaste • Selbstverstümmelung des Ödipus • Brudermord von Polyneikes und Eteokles	• letzte Überlebende des Ödipus-Geschlechts • Erfüllung des Familienschicksals • Sühnung des letzten Tabubruchs: des Brudermords

Wenn die Vorablektüre bereits abgeschlossen ist, können die Schülerinnen und Schüler sich Gedanken zu der bühnentechnischen Umsetzung der ersten Szene machen. Sie erhalten folgende Aufgaben:

- *Entwerfen Sie ein Bühnenbild (Skizze) für die erste Szene zwischen Antigone und Ismene. Beachten Sie dabei folgende Details: Wo treffen sie sich? Wie stehen sie auf der Bühne? Welche Kleidung tragen die beiden Frauen?*
- *Geben Sie jeder Frau ein passendes Requisit.*

Zu erwarten ist, dass sich die Schülerinnen und Schüler an den Regieanweisungen, den Handlungsort betreffend, orientieren. (Vgl. Textausgabe S. 10: *Antigone und Ismene treten aus dem Palast.*) Von Interesse ist die Platzierung der beiden Figuren auf der Bühne (Vordergrund/Hintergrund), in welcher Entfernung zueinander die beiden stehen, welche Haltung sie einnehmen (sitzend/stehend/kniend) und wie sie gekleidet sind (antik/modern).

Als Requisit vorstellbar sind:
- für Antigone: eine Schaufel oder eine Grabbeigabe (Gefäß)
- für Ismene: ein Gesetzestext/eine Schriftrolle
- Möglich sind aber auch eher symbolische Requisiten, die die Entschlossenheit Antigones bzw. Ismenes Zurückhaltung und Ängstlichkeit veranschaulichen.

„Ungeheuer ist viel ..." Das erste Standlied

Jüngling von Antikythera, 4. Jh. v. Chr.
Bronze, Höhe 194 cm
Athen, Nationalmuseum

- *Betrachten Sie die Skulptur und lesen Sie anschließend das erste Chorlied aus der „Antigone" (Textausgabe S. 22f.). Erstellen Sie ein Profil des dort beschriebenen Menschen. Nutzen Sie dazu die Textfelder.*
- *Interpretieren Sie Ihr Schaubild unter der Fragestellung: Ist der hier beschriebene Mensch ein ‚Übermensch'?*
- *Analysieren Sie anschließend das erste Chorlied.*

BS 1

Das erste Standlied

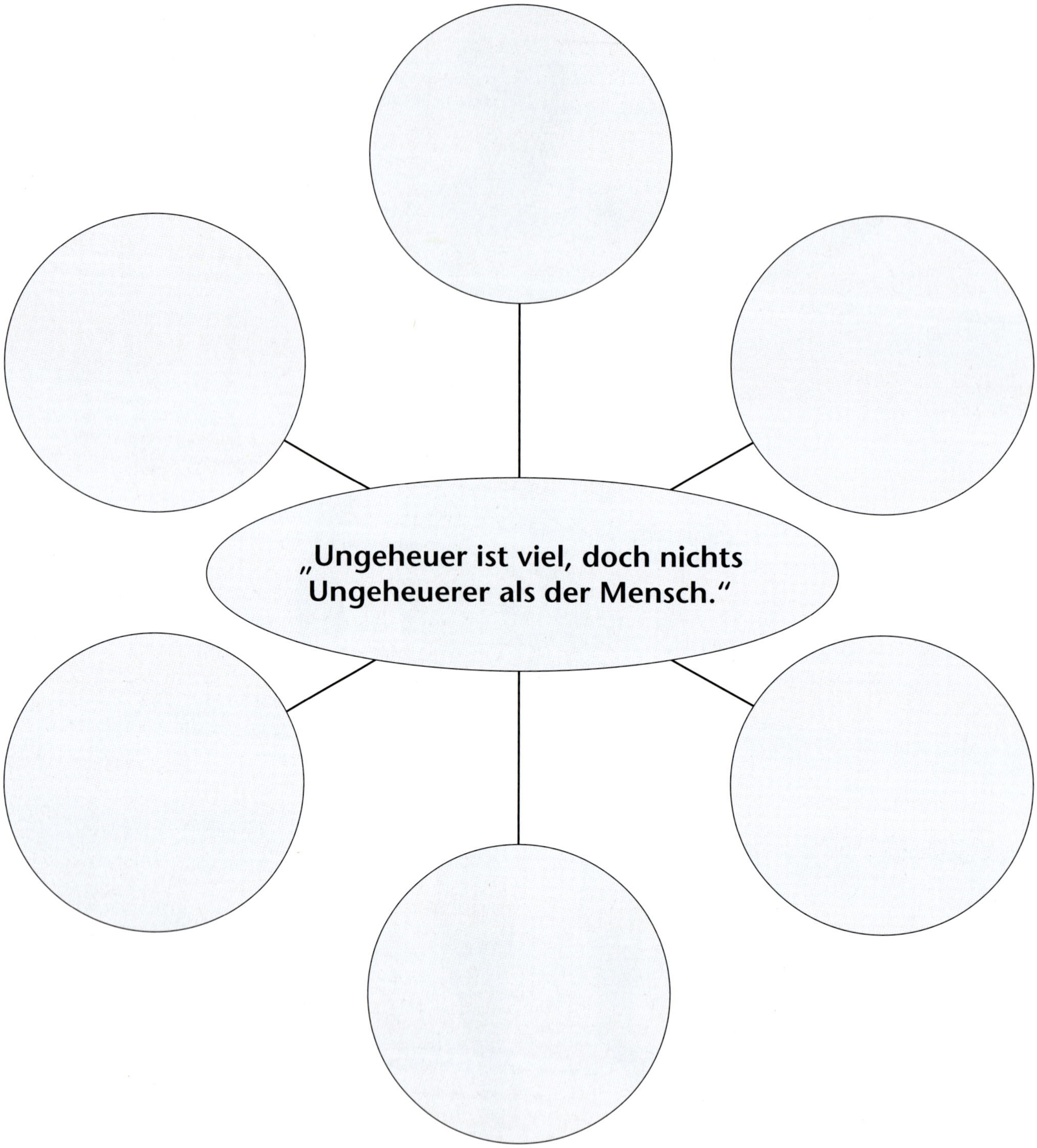

- *Erstellen Sie einen Ideenstern zur obigen Sentenz: „Ungeheuer ist viel, doch nichts/Ungeheuerer als der Mensch". Welche Assoziationen erweckt diese Aussage bei Ihnen (Zustimmung/Ablehnung)?*
- *Vergleichen Sie Ihre Vorstellungen mit dem Text des ersten Chorliedes. Ergänzen Sie ggf. Ihre Ideen.*
- *Analysieren Sie anschließend das erste Chorlied.*

Das Theater in der griechischen Antike

- *Lesen Sie den Text „Das Fest der Polis" (Textausgabe S. 57ff.) und tragen Sie die wichtigsten Informationen in die unten stehende Tabelle ein. Die Abbildungen der antiken Theaterbauten helfen Ihnen, sich genaue Vorstellungen zu machen. Im Internet finden Sie weitere bildliche Darstellungen, z. B. bei Google-Bilder.*
- *Bereiten Sie einen kurzen Vortrag vor. Wenn Sie eigene Theatererfahrungen haben, beziehen Sie diese in Ihren Vortrag ein.*

Herkunft	
Grundlagen	
Struktur	
Themen	
Figurengestaltung	
Requisiten	
Spielstätte und Bühne	
Chor	

Die Labdakiden

- *Lesen Sie den Text und betrachten Sie den Stammbaum der Labdakiden (Textausgabe S. 69–75). Markieren Sie wichtige Informationen im Text und ergänzen Sie das Schaubild.*
- *Ziehen Sie Schlüsse aus Ihren Ergebnissen. Was lässt sich über das Schicksal der Ödipus-Familie sagen?*
- *Wie beurteilen Sie anhand des Schaubildes und Ihrer Kenntnisse die Situation der beiden Schwestern? Erklären Sie vor diesem Hintergrund die ersten Worte Antigones (V. 1–6).*

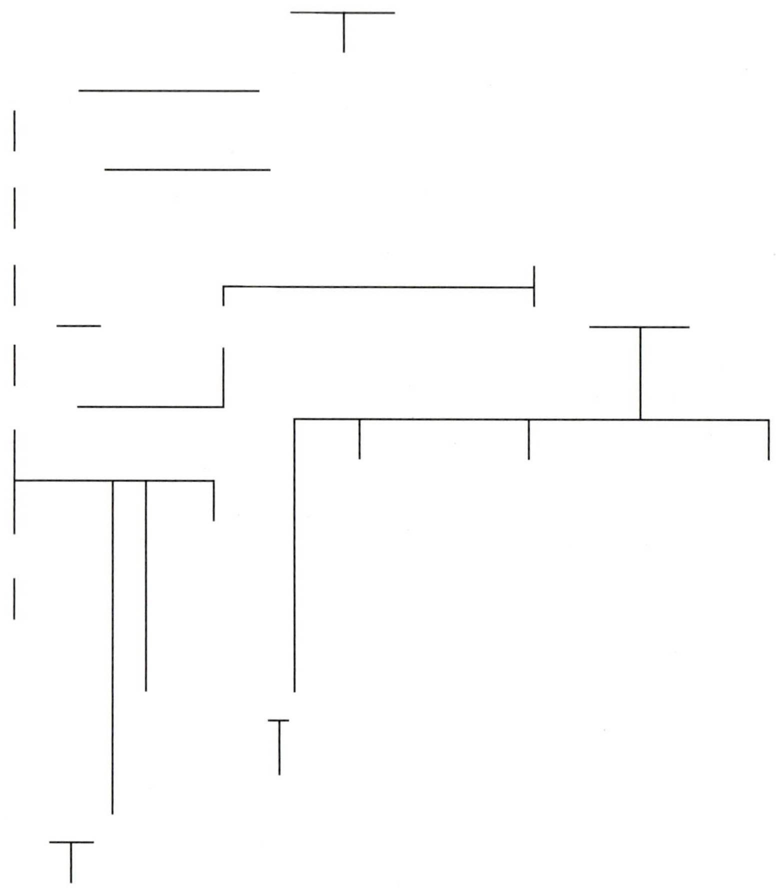

Der Fluch der Ödipus-Familie	**Das Schicksal der beiden Schwestern Ismene und Antigone**
•	•
•	•
	•

Baustein 2

Orientierung im Text

Dieser Baustein dient der Orientierung: Die Schülerinnen und Schüler sollen einen Überblick über den Handlungsverlauf gewinnen und den strukturellen Aufbau eines antiken Dramas kennenlernen. In einem weiteren Erarbeitungsschritt geht es um die Figuren des Dramas und ihre Beziehungen zueinander.
Dieser Arbeitsschritt soll in Form einer tabellarischen Übersicht erledigt werden (s. **Arbeitsblatt 5, S. 34f.**). Als erster Zugriff auf den Text ist ein motivierender Einstieg geplant: Die Schülerinnen und Schüler erhalten Szenenbilder aus einer aktuellen Theateraufführung der „Antigone".[1] Die Standbilder werden in ungeordneter Reihenfolge vorgelegt (s. **Arbeitsblatt 5**).
Bei der Diskussion um die richtige Anordnung müssen die Schülerinnen und Schüler genaue Textkenntnisse einbringen. Da weder die Bühnengestaltung noch die Kleidung der Figuren deutliche Hinweise geben, werden die Schülerinnen und Schüler über die richtige Zuordnung diskutieren müssen.
Im Anschluss an diese Phase sollen die Schülerinnen und Schüler mit dem Aufbau des klassischen antiken Dramas vertraut gemacht werden. Dazu bearbeiten sie den Text von Martin Hose „Die Form des klassischen Dramas" (Textausgabe S. 63f.), der auch einen detaillierten Einblick in die Entstehungsbedingungen des antiken Dramas gibt. Die Schülerinnen und Schüler sollen die Fachterminologie des Dramenaufbaus kennenlernen und sie bei der Lösung des Arbeitsblattes 5 verwenden.

2.1 Handlungsverlauf und Struktur

Es hat sich bewährt, für jede Gruppe die Bilder auf eine Folie zu kopieren, die einzelnen Bilder auseinanderzuschneiden und die Folienteile den Gruppen zur Verfügung zu stellen. Die Lösungen können dann auf dem OHP präsentiert werden.
Die Schülerinnen und Schüler erhalten folgende Arbeitsaufträge (Gruppenarbeit):

- *Ihnen liegen 6 Standbilder aus der „Antigone"-Aufführung der Münchner Kammerspiele von 2004 in ungeordneter Reihenfolge vor. Schauen Sie sich die Fotos genau an und ordnen Sie die Szenenbilder in der richtigen Reihenfolge des Handlungsverlaufs.*
- *Erläutern Sie kurz, um welche Situation es sich handelt und wer die Personen sind. Notieren Sie passende Stellen (Versangaben).*
- *Stellen Sie Ihre Ergebnisse dem Kurs vor.*

[1] Sophokles „Antigone", Aufführung der Münchner Kammerspiele, Mai 2004. Regie: Lars-Ole Walburg, mit Julia Jentsch als Antigone und Michael Neuenschwander als Kreon. Fotos: Andreas Pohlmann (Vgl. auch die Rezension dieser Theateraufführung im Anhang des Modells [Zusatzmaterial 2, S. 104f.].)

Lösungsvorschlag:

Szenenbild	Situation/Personen	Verse
	**Prolog:** Antigone und Ismene vor dem Palast I.: Von welchem Wagnis sprichst du? Worauf sinnst du? A.: Ob du den Bruder mir begraben hilfst.	**V. 42f.**
	**Zweiter Auftritt:** Antigone und Kreon Verhör Antigones nach der Festnahme K.: Du, die das Haupt du niedersenkst zur Erde, Gestehst du dein Vergehen oder nicht?	**V. 442ff.**
	ebenda A.: Hast du mit meinem Tod noch nicht genug? K.: Vollauf genug! Doch den sollst du mir leiden.	**V. 497f.**
	**Dritter Auftritt:** Haimon und Kreon K.: Sprich, grollst du oder darf ich wohl erwarten, Du seist, was ich auch tue, stets für mich? H.: Dein bin ich, Vater. Immer folg ich gern, Führst du mich weise, richte mich danach.	**V. 633ff.**

Szenenbild	Situation/Personen	Verse
	**Fünfter Auftritt:** Kreon, Teiresias, Knabe T.: Du aber, Knabe, führe mich nach Haus, Dass er den Groll auf Jüngere entlade Und seine Zunge besser lern beherrschen [...]	**V. 1087–1089**
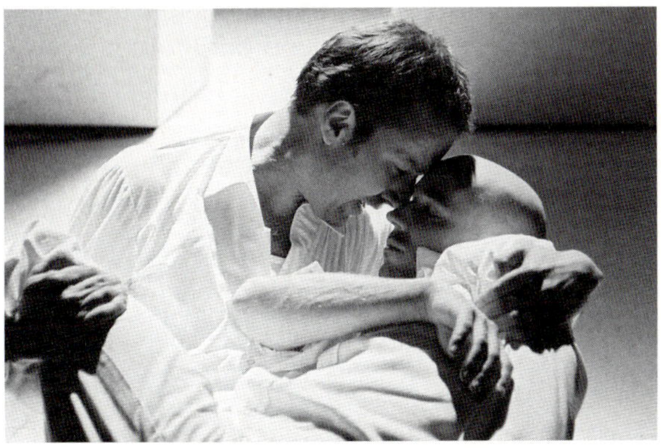	**Klagelied:** Kreon und Haimon Chor: Dort nahet der König und hält mit dem Arm Das Zeugnis, das deutlich die Schuld beweist.	**V. 1257f.**

Im weiteren Verlauf sollen die Schülerinnen und Schüler den Handlungsüberblick in Form einer Tabelle erstellen (s. Arbeitsblatt 5, S. 34). Zur Orientierung im folgenden Arbeitsprozess kann eine Gruppe den Auftrag erhalten, die Tabelle auf ein Poster zu übertragen.
Die Schülerinnen und Schüler bekommen folgende Aufgabe:

- *Fertigen Sie eine Handlungsübersicht an. Übertragen Sie die einzelnen Szenen des Dramas wie in dem Beispiel in eine Tabelle. Fügen Sie jeweils die Fach-Bezeichnung der einzelnen Teile (vgl. Textausgabe S. 63–64) und die Verszahlen hinzu.*

Mögliche Lösung:

Szene/Verse	Personen/Handlung	Funktion
Prolog V. 1–99	Antigone, Ismene Antigone will Polyneikes beerdigen und erwartet Hilfe von Ismene. Die Schwester zögert aus Angst vor Kreon.	Exposition: Kreons Verbot als Auslöser des Konflikts
Erstes Einzugslied V. 100–161 Parodos	Chor Aufruf zum Siegesfest nach der Beendigung der Schlacht	Exposition: Rekonstruktion der Vorgeschichte
Erster Auftritt V. 162–331	Kreon, Chorführer, Wächter Kreon rechtfertigt sein Bestattungsverbot. Der Wächter berichtet vom Verstoß.	Eröffnung des dramatischen Konflikts
Erstes Standlied V. 332–375 Stasimon	Der Chor Darstellung der Fähigkeiten und der Begrenzungen des Menschen	Reflexion im Zusammenhang des Geschehens
Zweiter Auftritt V. 384–581	Wächter, Antigone, Kreon, Chor Antigone wird als die Täterin Kreon vorgeführt. Kreon verhört sie. Ismene will Antigone Beistand leisten.	Konfliktsteigerung, Konfrontation der beiden Protagonisten

Szene/Verse	Personen/Handlung	Funktion
Zweites Standlied V. 583–631 Stasimon	Chor Erinnerung an das Schicksal der Labdakiden	Reflexion über die Macht, die das Schicksal über alle Menschen hat
Dritter Auftritt V. 632–780	Kreon, Haimon, Chor Haimon versucht, Kreon von seinem Vorhaben abzubringen, aber Kreon widersetzt sich seinen Argumenten. Trennung Kreon-Haimon im Streit	Konfliktsteigerung, fortschreitende Isolation Kreons
Drittes Standlied V. 781–805 Stasimon	Chor Der Chor sieht Eros' Einfluss als Grund für Haimons Handeln.	Reflexion über die Macht des Eros
Vierter Auftritt V. 806–943	Antigone, Kreon, Chor Antigone beklagt ihr Schicksal, der Chor bewertet ihre Tat. Kreon lässt Antigone abführen.	Weiterentwicklung des Konflikts durch Einblick in die innere Verfassung der Protagonistin
Viertes Standlied V. 944–987 Stasimon	Chor Vergleich des Schicksals der Antigone mit dem anderer Figuren des Mythos	Reflexion durch Einbettung des individuellen Schicksals in ein übergeordnetes Ganzes
Fünfter Auftritt V. 988–1115	Teiresias, Kreon, Chor letzte Warnung an Kreon, aber Unbeugsamkeit Kreons, der Teiresias Verrat unterstellt. Einsicht des Chors und Einlenken Kreons	Höhepunkt des Konflikts und Peripetie
Fünftes Standlied V. 1115–1152 Stasimon	Chor Anrufung des Dionysos, Bitte um Beistand in höchster Not	Retardierendes Moment: Augenblick der höchsten Spannung
Schlussszene V. 1155–1349 Exodos	Diener, Chor, Eurydike, Kreon Botenbericht des Dieners vom Ende Antigones und Haimons. Eurydike begeht Selbstmord, Kreon beklagt sein Schicksal, der Chor gibt abschließendes Urteil.	Katastrophe: Lösung des Konflikts Untergang Kreons

2.2 Personenkonstellation

Im Anschluss an den Handlungsüberblick geht es um die Personenkonstellation. Hierbei können zwei Methoden eingesetzt werden: die „Casting-Methode" und das „Familienfoto".

Bei der „Casting-Methode" sollen die Schülerinnen und Schüler in die Rolle eines Regisseurs schlüpfen und ein Casting für die Rollenbesetzung des Dramas durchführen. Sie bringen dazu geeignete Fotos (aus Illustrierten oder dem Internet) mit und stellen ihre Auswahl der Gruppe vor. Die Gruppe entscheidet dann über die optimale Besetzung der Rollen.

Die Schülerinnen und Schüler erhalten folgenden Auftrag:

- *Sie sind Regisseur und sollen geeignete Schauspieler für die Besetzung der wichtigsten Figuren aussuchen. Bringen Sie passende Fotos aus Zeitschriften oder dem Internet mit.*
- *Treffen Sie eine Auswahl für die Rollenbesetzung und begründen Sie Ihre Entscheidung.*

Für die Durchführung der Methode „Familienfoto“ sollen die Fotos auf einem Plakat so angeordnet werden, dass die Beziehungen der Figuren zueinander zum Ausdruck kommen. Bei der anschließenden Präsentation sollen die Schülerinnen und Schüler ihre Arrangements vorstellen und sie begründen.
Das „Familienfoto“ kann auch als „lebendiges Foto“ gestellt werden. Allerdings müssen sich die Personen dann kenntlich machen, z. B. durch ein charakteristisches Requisit oder ein Namensschild.
Die Schülerinnen und Schüler erhalten folgenden Auftrag:

- *Sie sollen als Fotograf ein Familienfoto herstellen. Dazu müssen Sie die Personen arrangieren. Kleben Sie die Fotos nach Ihrer Vorstellung auf das Plakat und begründen Sie Ihre Entscheidung.*

Die Beziehungen sollen anschließend durch Pfeile und Symbole gekennzeichnet werden (z. B. Freundschaft vs. Feindschaft; Nähe vs. Distanz; Hierarchie etc.).
Die Schaubilder lassen sogenannte „heiße Stellen“[1] erkennen, d. h. Konfliktsituationen, die sich aus den widerstreitenden Vorstellungen und Interessen der Personen ergeben. Die Schülerinnen und Schüler sollen diese Konfliktherde auf dem Lernplakat markieren.

Notizen

[1] Vgl. Hans-Dieter Gelfert: Wie interpretiert man ein Drama? Stuttgart 1992 (Reclam), S. 64.

Die Handlung

- *Ihnen liegen Abbildungen von 6 Standbildern aus der „Antigone"-Aufführung der Münchner Kammerspiele von 2004 in ungeordneter Reihenfolge vor. Schauen Sie sich die Fotos genau an und ordnen Sie die Szenenbilder in der richtigen Reihenfolge des Handlungsverlaufs.*
- *Erläutern Sie kurz, um welche Situation es sich handelt und wer die Personen sind. Notieren Sie passende Stellen (Versangaben).*
- *Stellen Sie Ihre Ergebnisse dem Kurs vor.*

Szenenbild	Situation/Personen	Verse

Szenenbild	Situation/Personen	Verse

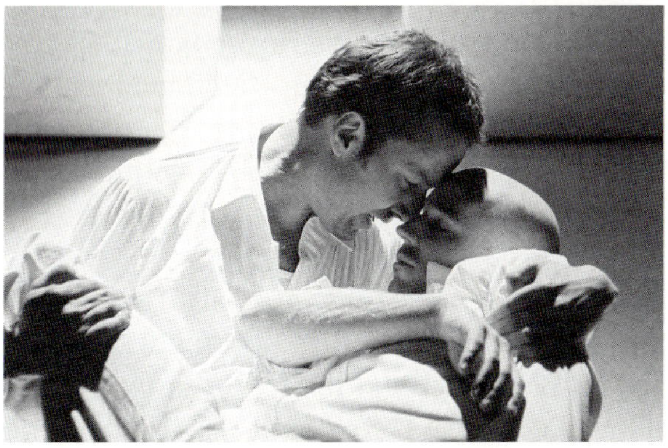		

■ *Fertigen Sie eine Handlungsübersicht an. Übertragen Sie die einzelnen Szenen des Dramas wie in dem Beispiel in eine Tabelle. Fügen Sie jeweils die Fach-Bezeichnung der einzelnen Teile (vgl. Textausgabe S. 63–64) und die Verszahlen hinzu.*

Beispiel:

Szene/Verse	Personen/Handlung	Funktion
Prolog V. 1–99	Antigone, Ismene Antigone will Polyneikes beerdigen und erwartet Hilfe von Ismene. Die Schwester zögert aus Angst vor Kreon.	Exposition: Kreons Verbot als Auslöser des Konflikts

Baustein 3

Gegenspieler

Nachdem die Schülerinnen und Schüler im Baustein 2 die grundlegende Personenkonstellation erarbeitet haben, soll es in diesem Baustein darum gehen, die Struktur der Personenkonstellation zu erkennen und zu interpretieren. Entsprechend den Bedingungen des antiken Theaters konnten nur maximal drei Sprecher gleichzeitig auf der Bühne agieren. Die personale Grundstruktur konzentrierte sich also auf jeweils ein Dialogpaar, das sich von Fall zu Fall durch den hinzutretenden Chor erweitern konnte. Das bedeutet für die Figurenkonstellation die Herausbildung von drei zentralen Oppositionspaaren, die den Hauptteil der Sprecherrollen bestreiten: das sind Ismene und Antigone, Antigone und Kreon und Haimon und Kreon. Zu diesen Hauptpaaren treten noch zwei Nebenpaare: Kreon und der Wächter sowie Kreon und Teiresias. In einigen kürzeren Abschnitten übernimmt auch der Chor als an der Handlung Beteiligter einen dialogischen Part.
Die Oppositionspaare liefern sich dialogische Streitgespräche (Redewettstreite), die einem festen Aufbauschema folgen: Die Sprecher legen ihre gegensätzlichen Standpunkte zunächst in langen Reden dar, die am Ende in einen schnellen Wortwechsel (Stichomythie) münden. Diese Schlusspartien treiben in knapper, einzeiliger Rede und Gegenrede die dramatische Spannung einem Höhepunkt wie bei einem harten Ballwechsel in einem Match zu. Es gibt zwar einen Sieger (Kreon), doch das Publikum weiß, dass sein Sieg nur ein äußerlicher ist und dass die Verlierer (Antigone, Haimon, Teiresias) am Ende die wahren Gewinner sein werden.

3.1 Antigone und Ismene: „Du wähltest dir das Leben, ich den Tod"

Die Personenkonstellation Antigone versus Ismene lässt sich dramaturgisch gesehen als eine Figuration des tragischen Konflikts innerhalb der Antigone-Figur selbst verstehen. Ismenes Rolle wäre somit als Widerpart, als zweite Seite Antigones, zu interpretieren. Sie bringt die Sorgen und Ängste zur Sprache, die Antigone zunächst verdrängt und erst in ihrem Klagelied kurz vor ihrem Tod (V. 877–928) selbst artikuliert.

Zunächst sollen sich die Schülerinnen und Schüler intensiv mit dem Prolog in seiner Funktion als Exposition beschäftigen (s. **Arbeitsblatt 6, S. 54**).
Als Impuls dient das vorliegende Bild von Marie Spartali Stillman (1844–1927) „Antigone aus Sophokles' ‚Antigone'". Die Szene zeigt beide Schwestern vor Polyneikes' Leiche. Während Antigone, dem Bruder zugewandt, Erde auf seinen toten Körper streut, wendet Ismene sich vom Geschehen ab und blickt zurück auf die in der Ferne erkennbare Stadt Theben. Ismene kniet und ergreift Antigone mit beiden Händen, so als wolle sie sie von ihrer Tat abhalten.
Auf den ersten Blick weicht das Bild von der Textvorlage ab. Bei genauerer Betrachtung allerdings zeigen sich Verbindungen, die es als Illustration für die Eingangsszene brauchbar machen. Insofern ist die Darstellung gut geeignet, eine Diskussion in Gang zu bringen.

In der Aufgabe werden die Schülerinnen und Schüler aufgefordert, begründet zu entscheiden, ob und inwiefern das Bild die erste Begegnung zwischen Antigone und Ismene adäquat widerspiegelt.

Der Arbeitsauftrag lautet:

- *Lesen Sie den Prolog (V. 1 – 99) und betrachten Sie anschließend das Bild. Diskutieren Sie in Ihrer Gruppe: Passt das Bild als Illustration zum ersten Auftritt der Schwestern? Begründen Sie Ihre Position unter Bezug auf den Text. Machen Sie ggf. einen Änderungsvorschlag (Skizze genügt).*

Folgende Ergebnisse sind zu erwarten:

Geeignet	**Nicht geeignet**
Die Szene illustriert gut das Beziehungsgeflecht zwischen den Figuren. Sie spiegelt • die familiale Zusammengehörigkeit der drei Ödipus-Kinder • das Kräfteverhältnis der beiden Schwestern: Antigone stehend und die Szenerie beherrschend, Ismene kniend in untergeordneter Position • die innige Verbindung Antigones mit Polyneikes, die Vereinigung im Tod (symbolisiert auch durch die schwarzen Vögel) • die Zerrissenheit Ismenes in ihrer Stellung zwischen den beiden Geschwistern und der Stadt (Kreon)	• Die Szene spielt im Freien. • Ismene nimmt nicht an Polyneikes' Beerdigung teil. Sie respektiert Kreons Gebot.

Die folgende Aufgabe lenkt den Blick auf die Entwicklung des Verhältnisses der Schwestern im Laufe des Prologs. Antigone akzeptiert Ismenes Zögern und ihre Vorwürfe nicht („O du Vermessne, Kreon hat's verboten!" [V. 47]), im Gegenteil, sie zeigt der Schwester unverhohlenen Hass („Ist das dein Sinn, so bist du mir verhasst [...]" [V. 93]).
Der Arbeitsauftrag sieht vor, dass die Schülerinnen und Schüler die neue Personenkonstellation am Ende des Dialogs skizzieren. Ebenso geeignet wäre auch ein Standbild, das die veränderte Beziehung der beiden Schwestern zum Ausdruck bringt.
Die Aufgabe lautet:

- *Lesen Sie nun das Ende des Prologs (V. 86ff.) genau und entwerfen Sie anschließend eine Skizze, die diesen Textteil illustriert. Beachten Sie dabei: Was hat sich verändert? Wie sieht jetzt das Verhältnis der beiden Schwestern aus?*
- *Stellen Sie Ihre Ergebnisse vor und erläutern Sie Ihre Skizze unter Bezug auf den Text.*

In der zweiten Skizze müsste der Bruch zwischen den beiden Personen deutlich werden. Das kann sich sowohl in der Distanz als auch in Gestik und Mimik ausdrücken. Zur Begründung müssen die Schülerinnen und Schüler die entsprechenden Passagen aus dem Text zitieren und erklären.

In der vergleichenden Analyse des Prologs und der zweiten Begegnung der Schwestern (V. 526–582) sollen die differenten Standpunkte Antigones und Ismenes genauer untersucht werden. Es geht zunächst um die Klärung der Motive, die einerseits Antigone zum Handeln zwingen, andererseits Ismene von der Tat abhalten. Aus der Auswertung des Befundes wird sich ergeben, dass Antigones Position für die Gesetze der Götter von der Ismenes infrage gestellt wird. Ismene bringt den Konflikt zwischen göttlichem und menschlichem Gesetz zur Sprache und erinnert an die tragische Verstrickung, in der beide als Abkommen der Labdakiden stehen. Ismenes Zögern und ihre Parteinahme für Kreon könnten auf den ersten Blick Zeichen von Feigheit sein, bei genauerem Hinsehen aber sind sie als Versuch zu verstehen, das drohende Familienschicksal abzuwenden und Antigone vor unüberlegtem und maßlosem Handeln zu bewahren. Ismenes Unentschiedenheit spiegelt die Tragik des Familienschicksals ergreifender wider als Antigones Rigorismus.
Bei der zweiten Begegnung der Schwestern nach der Festnahme Antigones zeigt sich, zu welcher Änderung Ismene fähig ist. Sie erklärt sich nicht nur solidarisch mit Antigone, sondern ist auch bereit, die Folgen der Tat gemeinsam mit ihr zu tragen. Antigone dagegen reagiert gefühllos und weist Ismenes Anteilnahme mit geradezu verletzenden Worten zurück.
Die Schülerinnen und Schüler erhalten folgende Aufträge:

- *Untersuchen Sie den Prolog (V. 1–99) und stellen Sie die Argumente und Gegenargumente der beiden Schwestern zusammen. Sie können die Argumente auch sinngemäß in eigenen Worten wiedergeben.*
- *Werten Sie Ihre Ergebnisse aus: Was sind die leitenden Motive Antigones und Ismenes und wie unterscheiden sie sich?*

Die Schülerinnen und Schüler sollen folgende Textstellen zitieren oder sinngemäß paraphrasieren:

Antigone	Ismene
• A. fordert I. auf, P. zu begraben: „Nun zeig, ob edel du geboren“ (V. 37) • Verrat, den Bruder nicht zu begraben (V. 46) • Widerstand gegen Kreon (V. 48) • Bereitschaft zum Sterben (V. 72) • Gewissheit der Liebe ihrer toten Verwandten (V. 73)	• I. zögert: „Was soll denn ich dazu tun? Kann's nicht lösen und nicht schürzen“ (V. 39) • Verbot Kreons (V. 44) • Erinnerung an tragische Familiengeschichte (V. 49ff.) • Schwachheit der Frauen (V. 61/78) • Verpflichtung, dem Staat Gehorsam zu leisten (V. 63)
↓	↓
Leitende Motive Ismenes	**Leitende Motive Ismenes**
• Erfüllung des Göttergebotes • Erhaltung der Familienehre durch Verbundenheit mit den Toten • Anspruch auf Ehrung und Liebe der Toten ↓ Antigone ist dem Tod zugewandt.	• Bindung an Kreons Gebot als Bürgerin des Staates • Versuch, den Familienfluch abzuwenden • Eingeständnis der eigenen Schwäche; Rollenverständnis als Frau ↓ Ismene ist dem Leben zugewandt.

Der Vergleich der beiden Szenen (Prolog V. 1–99 und V. 536–581) lenkt den Blick auf Ismene. Beim zweiten Treffen mit Antigone zeigt sich eine gänzlich veränderte Person: Aus der Zögerlichen ist eine Entschiedene geworden.

Antigone hat ihre Warnungen in den Wind geschlagen, das Schicksal hat sich erfüllt. Ismene erkennt die aussichtslose Lage und handelt. Sie ergreift nun mutig auch gegenüber Kreon Partei für Antigone und Haimon (z. B. V. 570) und bindet ihr eigenes Schicksal an das der Schwester (V. 540f.).
Antigone dagegen verändert sich nicht. Ihre Unbeugsamkeit, ihr Hochmut im Beharren auf ihrer alleinigen Verantwortung für die Tat und die Härte der Schwester gegenüber sind provozierend.
Nachdem sich Ismene auf Antigones Seite geschlagen hat, ist die dramatische Funktion der Figur erfüllt. Ismene spielt im weiteren Verlauf der Handlung keine Rolle mehr. Kurz vor ihrem Tod wird Antigone für eine kurze Zeit den Part der Ängstlichen und Schwachen in ihre eigene Rolle integrieren (vgl. das Klagelied Antigones [V. 891ff.]).
Die Schülerinnen und Schüler erhalten folgenden Auftrag:

- *Vergleichen Sie den ersten Auftritt Antigones und Ismenes (Prolog V. 1–99) mit ihrem zweiten Zusammentreffen, nachdem Antigone entdeckt worden ist (V. 526–581). Arbeiten Sie heraus, worin Ismenes Veränderung besteht. Führen Sie Textstellen an, die diese Veränderung deutlich machen.* KA?
- *Wie erklären Sie sich den Wandel Ismenes und wie beurteilen Sie das Verhalten Antigones?*

Die Ergebnissicherung kann in Form eines Tafelbildes erfolgen:

Ismenes Erwiderungen (Fundstellen)	**Erklärung für Ismenes Verhalten**
• solidarisiert sich mit A.: „Was diese tat, ich tat's mit ihr zusammen./Ich habe gleichen Teil an Tat und Schuld." (V. 536f.) • überwindet ihre Furcht: „Doch jetzt im Unglück fürchte ich mich nicht" (V. 540) • zeigt Anhänglichkeit an die Schwester: „Was gilt mir noch das Leben ohne dich!" (V. 548) • will nicht letzte Überlebende sein: „Weh mir, so darf ich dein Geschick nicht teilen?" (V. 554)	• Sie ist beeindruckt von Antigones Unbeugsamkeit. • Sie erkennt, dass sie beide verloren sind, dass der Fluch sich fortsetzt. • Sie akzeptiert ihr Los, bekennt sich zu ihrer Familie.

Die Beurteilung der Verhaltensweise Antigones wird individuell unterschiedlich erfolgen. Zu erwarten ist aber wohl, dass die Schülerinnen und Schüler von der Rigorosität Antigones befremdet sind. Als Erklärung kann noch einmal auf die Figurenkonzeption des antiken Dramas verwiesen werden, die keine Psychologisierung kennt.

Es bietet sich an, durch eine kreative Schreibaufgabe (innerer Monolog Ismenes) die Ergebnisse der obigen Untersuchung resümieren zu lassen.

- *Verfassen Sie einen Tagebucheintrag Ismenes oder einen inneren Monolog nach der Trennung von Antigone.* KA

+ Begründe mit Textbelegen + Bezug auf

3.2 Kreon und Antigone: „Doch Hades will nur gleiches Recht für alle" (V. 519)

Die zentrale Konflikt-Konstellation des Dramas ist die zwischen Kreon und Antigone. Ihr großer Dialog (V. 442–525) bildet den Höhepunkt des Dramas. Mit dem Konflikt der beiden Protagonisten, insbesondere mit der Rolle Antigones, hat sich die Forschung intensiv beschäftigt und ist zu unterschiedlichen Ergebnissen gelangt.
Die wohl gängigste Interpretation stellt heraus, dass das göttliche Gebot, den Bruder zu bestatten, gegen den unmenschlichen Befehl des Tyrannen stehe, den Leichnam unbestattet zu lassen; mit Antigone kämpfe das göttliche Recht der Menschlichkeit gegen die gottlose Tyrannei Kreons.
Berühmt ist die Deutung Hegels. Er geht von einem Konflikt zwischen zwei gleichberechtigten sittlichen Mächten aus, dem älteren Recht der Familie, das Antigone vertritt, und dem modernen Recht des Staates, auf das sich Kreon beruft. Göttliches Recht stehe also auf beiden Seiten.
Andere Interpreten sehen in Antigones Gesetzesbruch einen Akt weiblicher Größe. Indem Antigone Kreons Gebot missachte, handele sie im Auftrag eines älteren Rechts. Ihre viel zitierten Worte „Nein! Hass nicht, Liebe ist der Frau Natur" (V. 523) – geläufiger in der Übersetzung: „Mitlieben, nicht mithassen ist mein Teil" – charakterisieren sie als Märtyrerfigur[1]. Antigones Stilisierung als Rebellin und Widerständlerin in den modernen Antigone-Rezeptionen im Kontext der beiden Weltkriege führt diese Interpretationslinie fort.
Die Forschung zu „Antigone" ist umfangreich und die verschiedenen Deutungen des Dramas lassen sich im Rahmen des Modells nicht ausführlich wiedergeben[2]. Gefragt werden soll daher, welcher Zugang zur Problematik und welches Verständnis des Konflikts für die Schülerinnen und Schüler bedeutsam sein können.
Berücksichtigt man lebensweltliche Bezüge der heutigen Schülerinnen und Schüler, dann erschließt sich das Drama über existenzielle und philosophische Fragestellungen, die die Protagonistin in die Nähe der Rezipienten rücken. Geisenhanslüke, der in Anlehnung an Hans-Thies Lehmann für eine an mythischen und philosophischen Problemen orientierte Interpretation plädiert, fasst diese Lesart folgendermaßen zusammen: Die sophokleische *Antigone* stelle nicht die Geschichte einer ihrer selbst gewissen Heroin dar, „sondern [...] die Erfahrung eines menschlichen Subjekts, das an seine Grenzen kommt. In der Tragödie werden die Grenzen des menschlichen Daseins in der doppelten Frage nach der Endlichkeit des menschlichen Lebens und des menschlichen Wissens thematisiert. Die griechische Tragödie, darin Vorläuferin und Konkurrentin der Philosophie zugleich, stellt ein grundlegend pessimistisches Menschenbild vor, das insbesondere im Fall ‚Antigone' keinerlei übergreifende Versöhnungsinstanz anerkennt."[3] Das bedeutet, dass beide Protagonisten schuldhaft verstrickt sind. Kreons Schuld ist Folge seiner „Hybris", der Anmaßung und Überheblichkeit, und der „Ate", der Verblendung.
„Diesen beiden größten Versuchungen stehen als positive Richtpunkte die als Göttinnen verehrten sittlichen Werte der Metis (= Weisheit und guter Rat), Themis (= Sitte und Ordnung) und Dike (= Ausgleich und Gerechtigkeit) gegenüber. Gegen alle drei hat Kreon verstoßen."[4] Unbesonnenheit zeigt aber auch Antigone (z. B. in ihrem Dissens mit Ismene [vgl. Kapitel 3.1]). Insofern ist auch sie nicht ohne Schuld. Die harte Zurückweisung Ismenes ist „Harmatia" (tragisches Fehlverhalten). Folglich richten sich die Warnungen vor der Hybris, die mehrfach vom Chor, von Haimon und Ismene ausgesprochen werden, an Kreon und

---

1 Vgl. von Matt, a. a. O. S. 108.
2 Eine übersichtliche Zusammenfassung der Forschungslage findet sich bei Geisenhanslüke, a. a. O., S. 20ff.
3 A. Geisenhanslüke, a. a. O., S. 8. Auch Käte Hamburger sieht in Antigone die dem Tod Zugewandte, deren Tat sich letztlich aus dem „Primat des Todeswillens" erkläre (vgl. Hamburger, a. a. O., S. 196).
4 Gelfert, a.a.O., S. 74. Vgl. auch die entsprechenden Anmerkungen zu den Leitmotiven in der vorliegenden Textausgabe.

Antigone zugleich, wenn auch die Verfehlung Kreons, sein „maßloses" Handeln, die Katastrophe auslöst.

In einem ersten Erarbeitungsschritt sollen sich die Schülerinnen und Schüler mit Kreon auseinandersetzen (s. **Arbeitsblatt 7, S. 55**). Zunächst ist es wichtig, das Rollenverständnis Kreons als Herrscher von Theben zu analysieren.
Kreons Regierungserklärung (V. 162–210 und V. 666–676) gibt Aufschluss über sein Verständnis von Staat und Herrschaft, aus dem er seine Machtbefugnisse ableitet. Kreon sieht sich als legitimen Herrscher von Theben und aus dieser Position heraus argumentiert er: Das Wichtigste für ihn sei der Staat, die Sicherung seines Fortbestehens habe absolute Priorität. Daher müsse er dafür sorgen, dass seine Macht auf einem soliden Fundament stehe und der Staat vor inneren und äußeren Feinden geschützt sei. Seine Aufgabe sei es, Freund und Feind des Staates zu erkennen und Widersacher unschädlich zu machen.
Nichts fürchtet Kreon so sehr wie den Widerstand im eigenen Lager, aus der Reihe seiner Bürger oder auch seiner eigenen Familie. Er will rücksichtslos gegen alle Feinde vorgehen und auch seine eigenen Verwandten nicht schonen. Von seinen Bürgern verlangt Kreon Unterordnung unter seine Gesetze und bedingungslosen Gehorsam. Als Schutzherr des Staates kann er keine Rücksicht auf die individuellen Interessen seiner Untertanen nehmen, selbst wenn es sich, wie in Antigones und Haimons Fall, um Mitglieder seiner Familie handelt.
Der Text (V. 162–210 und V. 666–676) lässt sich über zwei Methoden – „Werteschild" und „Wertepyramide"[1] – erschließen. Sie lassen sich alternativ einsetzen.
Die erste Variante („Werteschild") wird auf dem Arbeitsblatt 7 vorgestellt. Die Schülerinnen und Schüler erhalten folgende Aufträge:

- *Es geht um Kreons Selbstverständnis als Herrscher von Theben: Ermitteln Sie aus seiner Regierungserklärung (V. 162–210 und V. 666–676) die Prinzipien seiner Herrschaft. Tragen Sie diese in den Werteschild ein.*
- *Verfassen Sie anschließend auf der Basis Ihres Schildes eine kurze Rede Kreons, in der er an sein Volk appelliert und es zur Gefolgschaft aufruft.*
- *Präsentieren Sie Ihre Ergebnisse dem Kurs.*

Die Schülerinnen und Schüler haben die Möglichkeit, die Kreon-Rede individuell auszugestalten. Im Wesentlichen sind folgende Aspekte zu erwarten:

Ich, Kreon, Herrscher von Theben, verkünde euch heute:

- Ich bin euer legitimer Herrscher und ihr seid mein Volk.
- Solange ich herrsche, steht die Sicherheit meines Staates an erster Stelle.
- Ich bin es, der Gebote erlässt.
- Ich muss euch bestrafen, wenn ihr meine Gebote nicht befolgt.
- Ich allein entscheide, wer Freund oder Feind des Staates ist.
- Das Vaterland steht höher als jeder Einzelne von euch.
- Ich verlange unbedingten Gehorsam von meinen Untertanen.
- Ich will, dass ihr fest zu mir und dem Staat steht und zueinander haltet.
- Ungehorsam und Zuchtlosigkeit kann ich nicht dulden.

[1] Methode „Wertepyramide" nach Klaus W. Vopel: Interaktionsspiele für Jugendliche. Teil I. Hamburg 1992 (Iskopress) (4. Aufl.), S. 57f.

Für die zweite Variante (Wertepyramide) muss die Lehrperson 6 Folienrechtecke pro Gruppe bereitstellen. Die Schülerinnen und Schüler beschriften die Folien mit einem Begriff pro Folie und ordnen sie am OHP zu einer Pyramide an. (Die Begriffe sollen dem Text entnommen werden.) Die Beschriftung der Steine und das Aufbauschema müssen textuell begründet werden.

Die Schülerinnen und Schüler erhalten folgenden Arbeitsauftrag:

- *Ermitteln Sie aus der Regierungserklärung Kreons (V. 162–210 und V. 661–686) die Prinzipien seiner Herrschaft und errichten Sie aus den Prinzipien eine Pyramide. Überlegen Sie, wie Sie die Steine anordnen, welche Prinzipien für Kreon so wichtig sind, dass sie das Fundament bilden können.*
  Stellen Sie Ihr Ergebnis am OHP vor und begründen Sie Ihre Entscheidung mit dem Text.

Nachdem die Schülerinnen und Schüler Kreons Position geklärt haben, sollen sie sich dem dramatischen Aufbau des Dramenzentrums (Erster und Zweiter Auftritt) zuwenden und die sorgfältige Komposition der Handlungsspannung erkennen. Schritt für Schritt wird der große Auftritt der beiden Protagonisten vorbereitet.

Unmittelbar auf Kreons Staatsrede folgen die erste Wächterszene (V. 223ff.) und das erste Standlied des Chors (V. 332ff.). Sie geben der statischen Handlung Bewegung und dramatische Spannung. Der Auftritt des Wächters, einer Figur der Komödie, erfolgt nämlich gleichsam als Antwort auf die in staatsmännischem Gestus vorgetragene Rede Kreons. Der Wächter berichtet in lebendiger emotionaler Sprache von der unglaublichen Entdeckung: Jemand hat es gewagt, Polyneikes' Leiche mit Erde zu bedecken. Die Naivität seiner Schilderung (vgl. z. B. den Anfang seiner Rede, V. 223ff.) steht in tragikomischem Kontrast zur tatsächlichen Lebensbedrohung, der er und seine Kameraden ausgesetzt sind. Aus den Worten des Wächters spricht Bauernschläue. Seine geschickten Wortspiele (z. B. V. 276f. und V. 316) verwirren Kreon und stellen ihn auf die Probe (V. 280). Auch die Stichomythie enthält diverse Doppeldeutigkeiten. Sie verweisen im Sinne tragischer Ironie auf die unaufhaltsam drohende Katastrophe (z. B. V. 323f.).
Auf die erste Wächterszene folgt in dem ersten Standlied des Chors der Lobpreis des Menschen. Auch in diesem Text lässt sich tragische Ironie erkennen. Der Chor spricht zwar von den „ungeheuren" Fähigkeiten des Menschen, warnt aber auch vor seiner Endlichkeit, ein Hinweis auf den tragischen Ausgang der Handlung.[1]
Die Schülerinnen und Schüler erhalten folgende Aufgaben:

- *Zwischen die Regierungserklärung Kreons (V. 162ff.) und den Dialog Kreons mit Antigone (Zweiter Auftritt) hat Sophokles die Wächterszene und das erste Standlied des Chors eingefügt. Bearbeiten Sie zunächst den Bericht des Wächters (V. 223–326). Untersuchen Sie den inhaltlichen Aufbau und die sprachliche Gestaltung seiner Rede.*

- *Beurteilen Sie das Auftreten des Wächters im letzten Teil des Dialogs (V. 314–326). Berücksichtigen Sie dabei, dass es sich bei dem Wächter um eine einfache Person aus dem Volk handelt.*

- *Auf die Wächterszene folgt unmittelbar das erste Standlied des Chors. Überlegen Sie, welche dramatische Wirkung mit dieser Abfolge der Szenen intendiert ist. Beziehen Sie zur Lösung der Aufgabe auch Ihre Ergebnisse der Interpretation des Standliedes mit ein.*

---

1 Zur Interpretation des Standliedes vgl. S. 19ff.

Eine detaillierte Auflistung rhetorischer Figuren ist nur bedingt sinnvoll, weil es sich bei dem vorliegenden Text um eine Übersetzung handelt und für eine korrekte Analyse das griechische Original hinzuzuziehen wäre. Generell lässt sich aber die Redeweise des Wächters entsprechend seiner mentalen Verfassung als affektbetont charakterisieren und an einigen rhetorischen Figuren konkretisieren.

Die Ergebnisse der Aufgaben können stichpunktartig in folgendem Tafelbild zusammengefasst werden:

Inhaltlicher Aufbau

- ausführliche Beschreibung des Herwegs mit anschaulicher Schilderung der inneren Befindlichkeit (V. 223–236): Herauszögern des eigentlichen Berichts
- Appell an Kreons Milde (V. 235f.)
- Selbstverteidigung (V. 237–40)
- Bericht über das Ereignis (V. 245–258)
- Reaktionen der Wächter: abergläubische Prüfungen (V. 259–267)
- Auslosen des Boten (V. 268–277)

Sprachliche Gestaltung

affektbetonte Rede mit diversen rhetorischen Figuren emphatischen, emotionalen Sprechens:

- Ellipse/Aposiopese (V. 223f.)
- Metaphern (z. B. „Sorgenstationen")
- rhetorische Fragen (V. 228f.)
- Selbstgespräch (fiktiver Dialog mit der Seele) (V. 227ff.)
- Antithesen (V. 231, 232)
- Hyperbel (V. 234)
- Parallelismen (z. B. V. 239, 272)
- Sentenzen (z. B. V. 277)

Charakter des Wächters:

- fordert Kreon heraus (V. 316);
- spricht mit ihm von gleich zu gleich (Widerrede);
- analysiert Kreons Situation (V. 318);
- spricht prophetisch (tragische Ironie) und belehrend (V. 322)

Der folgende Erarbeitungsschritt befasst sich mit dem ersten Höhepunkt des Dramas, der Begegnung zwischen Antigone und Kreon (Zweiter Auftritt, V. 442ff.). Um die Schülerinnen und Schüler in die Atmosphäre der Szene einzuführen, werden ihnen zwei unterschiedliche Darstellungen vorgelegt, die sie vor dem Hintergrund ihrer eigenen Vorstellungen der Szene überprüfen sollen (s. **Arbeitsblatt 8, S. 56f.**).
Dazu erhalten sie folgende Aufgaben:

- *Vergleichen Sie die beiden Standbilder zu der Begegnung zwischen Antigone und Kreon (V. 442–525).*
- *Beschreiben Sie die Konfiguration. Tragen Sie Ihre Ergebnisse in die Liste ein.*
- *Lesen Sie den Textauszug (V. 442–525) und entscheiden Sie anschließend, welches der beiden Szenenbilder die Atmosphäre der Begegnung treffender darstellt.*

Beschreibung der Standbilder

	Bild 1 (Staatstheater Kassel 1969) 	**Bild 2 (Theatermuseum Düsseldorf)** 
Körperhaltung, Mimik, Gestik	Kreon: in großer Entfernung erhöht stehend; herrscherliche Pose; Arme gesenkt; auf Antigone herabblickend; Chor: in Mittelposition an der rechten Bühnenseite; stehend, Antigone betrachtend; Antigone: auf dem Boden liegend in schmerzvoller Pose; Gesicht verzerrt, Hände gespreizt	Kreon: stehend, in geringer Entfernung hinter Antigone; Hände auf dem Rücken verschränkt; Blick auf Antigone gerichtet, entschlossene Mimik; Antigone: auf dem Boden sitzend in aufrechter Haltung; erhobener Kopf, Hände beiderseits auf den Boden gestützt. Blick geradeaus ins Publikum gerichtet; Augen weit geöffnet
Stellung der Figuren zueinander	Hintergrund: Kreon Mittelgrund: Chor Vordergrund: Antigone Konstellation nach hinten ansteigend	räumliche Nähe zwischen den beiden Figuren, dennoch Distanz durch die Position (kein Blickkontakt)
Kostüme	antikisierend: lange Gewänder der Männer und Antigones; Kreons Mantel goldglänzend (Macht; Reichtum); Chor und Antigone: weiß vs. schwarz (Farbe der Trauer)	modern: Kreon in Anzughose und weißem Hemd mit Krawatte; Antigone: schwarzes Kleid, mädchenhafte Erscheinung
Requisiten/Bühnendetails	keine Requisiten; Bühnenboden geometrische Formen, glänzend; Hintergrundwand Blockstreifen (schwarz-weiß).	keine Requisiten
Sonstige Beobachtungen	feierliche, düstere Atmosphäre	Schmucklosigkeit, Verzicht auf antike Staffage

Die Entscheidung der Schülerinnen und Schüler für oder gegen eines der beiden Szenenbilder kann unterschiedlich ausfallen. Allerdings müssen die Begründungen stichhaltig sein, z. B. könnten sie anführen, dass das zweite Standbild überzeugender ist als das erste, weil Antigones leidende Position dem Eindruck ihres Hochmuts und ihrer Furchtlosigkeit nicht entspricht.

Mit den folgenden Aufgaben sollen die Schülerinnen und Schüler die Ergebnisse ihrer Diskussion über die Standbilder noch einmal argumentativ stützen. Dazu wird der Dialog einer genaueren Analyse unterzogen.

Die Schülerinnen und Schüler erhalten folgenden Auftrag:

- *Untersuchen Sie die Argumentation Antigones (V. 442–525): Welche sind die wichtigsten Gründe, die sie für ihre Tat anführt? (Sie können wörtlich zitieren oder dem Sinn nach paraphrasieren.)*
- *Wie lauten Kreons Begründungen?*
- *Welche Schlüsse ergeben sich aus Ihren Befunden bezogen auf die Position der beiden Protagonisten? Inwiefern stützen sie Ihre Entscheidung für eines der beiden Standbilder?*

Folgende Ergebnisse sind zu erwarten:

Antigones Rechtfertigung		**Kreons Begründungen**
• Kreons Gebot widerspricht den Gesetzen der Götter. • Ich handle nach göttlichem Gesetz. • Die Gesetze der Götter sind ewig. • Ich fürchte den Tod nicht. • Ein früher Tod ist nur Gewinn für mich. • Für mein Handeln erwarte ich Ruhm von Göttern und Menschen. • Die Bürger Thebens stehen auf meiner Seite. • Sie werden aber von Kreon gehindert zu sprechen. ↓	**versus**	• Polyneikes war ein Feind des Landes. • Antigones Tat schändet Eteokles und ehrt den Feind des Staates. • In Antigones Tat zeigt sich der Hochmut des Ödipus. • Ihr Bekenntnis in der Öffentlichkeit gefährdet meine Herrschaft. • Eine Frau darf niemals über dem Mann stehen. • Die Blutsverwandtschaft mit Antigone verhindert ihre Bestrafung nicht. ↓
Antigone • Leben unter den Gesetzen der Götter • Todesbereitschaft bei Erwartung späterer Ehrung (durch die Götter, die Bürger/Nachruhm)		**Kreon** • Priorität bei Erhalt des Staates und der eigenen Macht • Kampf gegen deren Bedrohung (durch Antigone, durch Verräter)

Distanz, Kontaktlosigkeit der beiden Personen, wie sie die Standbilder zeigen, finden sich auch in der Unvereinbarkeit der jeweiligen Argumentation.
Die Nähe Antigones zu den Göttern des Hades (sitzende, bodennahe Position, schwarze Kleidung) drückt sich auch in ihren Argumenten aus (Todesbereitschaft),
Kreons Machtposition (stehend, erhöht) wird ebenfalls in seinen Worten deutlich.

Ein Vergleich verschiedener Übersetzungen des Verses 523 soll noch einmal Anlass geben, über „Antigone" nachzudenken. Dazu erhalten die Schülerinnen und Schüler neben der griechischen Originalfassung fünf verschiedene deutsche Übersetzungen des Verses und folgende Aufgaben (s. **Arbeitsblatt 9, S. 58**):

- *Der V. 523 aus Sophokles' „Antigone" gehört zu den geflügelten Worten, d. h. zu den bekanntesten Zitaten der Weltliteratur. Alle Übersetzer des Dramas haben sich über den Sinn dieser Worte Gedanken gemacht und in ihren Übersetzungen eigene Akzente gesetzt. Die folgenden vier Übersetzungen werden Ihnen vorgestellt:*

1. „Nein! Hass nicht, Liebe ist der Frau Natur." (Weinstock)
2. „Mitlieben, nicht mithassen ist mein Teil." (Kuchenmüller)
3. „Nicht um Feind, nein um Freund zu sein, ward ich geboren." (Zink)

4. „Zum Hasse nicht, zur Liebe bin ich." (Hölderlin)
5. „Aber nicht mithassen, mitlieben muss ich." (Schadewaldt)

Vergleichen Sie die Fassungen miteinander und beschreiben Sie die unterschiedlichen Akzentsetzungen der verschiedenen Übersetzungen. Einigen Sie sich in der Gruppe auf die „best version".

- *Erstellen Sie abschließend einen „Zitatenteppich" zur Figur der Antigone.*

Erklärung der Methode „Zitatenteppich":

„Die Schüler sollen eine Textpassage, die ihnen ganz besonders wichtig ist, auswendig lernen. Sie suchen sich einen Platz im Raum und nehmen eine Position (liegend, stehend, abgewandt usw.) ein, die dem Inhalt des Zitats in gewisser Weise entspricht.
Ein Schüler, vielleicht auch der Spielleiter, unternimmt als Lenz (hier: Antigone, M. B.) eine Wanderung durch den Klassenraum. Die Schüler konzentrieren sich auf diesen wandernden Lenz und sprechen ihr Zitat immer dann, wenn Lenz in ihrer Nähe ist oder sie gar berührt. [...] Wichtig ist einzig, dass die Zitate für den Zuschauer verständlich sind. Der wandernde Lenz kann durch seine Gangart die Abfolge und das Tempo der Zitate beeinflussen und so gleichsam zum Textjockey werden."[1]

Exkurs: Kreon und die Frauen

Bei der Auseinandersetzung mit der Szene wird den Schülerinnen und Schülern Kreons Misogynie (Frauenfeindlichkeit) aufgefallen sein. Sie äußert sich in zahlreichen Diffamierungen und abschätzigen Bemerkungen Antigone gegenüber. Seine Einstellung zum weiblichen Geschlecht ist nicht individuell begründet, sondern hat kulturelle Hintergründe. Das erfahren die Schülerinnen und Schüler durch Elisabeth Frenzels Untersuchungen zum „Amazonenmotiv"[2]. Die Ergebnisse sollen in einem Kurzreferat (Gruppenarbeit) zusammengefasst und vorgetragen werden.
Die Gruppe erhält folgende Aufgaben:

- *Analysieren Sie Kreons Rede im zweiten (V. 442–581) und im dritten Auftritt (V. 639–765) in Bezug auf seine Äußerungen über das weibliche Geschlecht und charakterisieren Sie seine Einstellung.*
- *Referieren Sie anschließend die zentralen Aussagen von E. Frenzel zum „Amazonenmotiv". Stellen Sie Bezüge zu Kreons Aussagen her.*

Folgende Fundstellen sind relevant:

„Ich wär nicht mehr der Mann, der Mann wär sie". (V. 484)
„Solang ich lebe, soll kein Weib regieren". (V. 525)
„Es gibt noch andre Felder zu bepflügen". (V. 569)
„Ich will kein schlechtes Weib für meinen Sohn". (V. 571)
„Verlier, mein Sohn, nicht deinen klaren Sinn, Durch Weiberreiz und Sinnenlust". (V. 648f.)
„Frostig wird die Umarmung bald genug / Mit schlechtem Weib im Hause und im Bett". (V. 650f.)
„[...] und niemals eines Weibes Knecht zu sein". (V. 678)
„Doch nie / Darf man sich Weibersklave schimpfen lassen". (V. 679f.)
„Du Weiberknecht, lass doch die Heuchelworte!". (V. 756)

[1] Marcel Kunz: Spieltext und Textspiel, Szenische Verfahren im Literaturunterricht der Sekundarstufe II. Seelze 1997 (Velber), S. 64f.
[2] Vgl. Zusatzmaterial 3, S. 108: Elisabeth Frenzel: Motive der Weltliteratur. Stuttgart 1992 (Kröner), S. 11ff.

3.3 Kreon und Haimon: „Staat ist das nicht, was eines Mannes ist"

Die Auseinandersetzung zwischen Kreon und Haimon ist durch zwei gegensätzliche Diskurse charakterisiert, den Machtdiskurs Kreons und den Vernunftdiskurs Haimons. Charakteristisch für Kreons Herrschaftsdiskurs ist, dass er nicht auf Verständigung angelegt ist, sondern apodiktisch auf Befehl und Gehorsam. Wer nicht eindeutig für ihn Partei ergreift oder ihm gar widerspricht, wird als Feind des Staates verfolgt, und sei es auch der eigene Sohn. Deshalb geht es Kreon darum, sich zunächst der Loyalität Haimons zu vergewissern („[...] darf ich wohl erwarten, / Du seist, was ich auch tue, stets für mich?" (V. 633f.) und ihn an seine Pflicht als Sohn zu erinnern („[...] das halte fest, / Dass du den Vater höher stellst als alles. / Deshalb erbeten Männer sich ja Kinder, / Dass sie gehorsam ihnen sind im Haus [...]" (V. 639ff.). Diese Sohnespflicht erkennt Haimon uneingeschränkt an, knüpft an ihre Erfüllung aber zugleich eine Bedingung: Er will nur folgen, wenn die Befehle des Vaters „weise" sind (vgl. V. 635f.).
Damit ist der Tenor der Rede Haimons angeschlagen. Sein Diskurs ist ganz auf Vernunft und argumentative Überzeugung ausgerichtet. Haimon hat die Fähigkeit zur dialektischen Gesprächsführung, die die Rolle des Gegners, gegen den sie argumentiert, selbst übernimmt, um ihn mit eigenen Waffen zu schlagen. (Z. B. nimmt Haimon Kreons Forderung, stets zu ihm zu stehen, wörtlich auf, um sie im Sinne der Vernunft umzukehren: „Dein bin ich, Vater. Immer folg ich gern, / Führst du mich weise, richte mich danach." [V. 635f.]) Daher stimmt er auch zunächst Kreon zu, dass es gelte, für die Ordnung im Staate einzutreten, um aber im nächsten Satz die Aussage wieder einzuschränken, indem er dem Vater die Auswirkungen seines Handelns vor Augen führt: „Und dennoch könnt ein andrer anders denken. / Für dich nun muss der Sohn auf alles achten"(V. 687). In diesen Worten spricht der Sohn als mündiger Bürger und nicht als gehorsames Kind.
Haimons Haltung spiegelt sich in den Leitmotiven seiner Rede: „Vernunft", „Einsicht", „Rechtmäßigkeit" und „Maß" sind die Werte, die er vertritt.

Die Analyse der Szene soll durch eine antizipierende Produktionsaufgabe vorbereitet werden. Die Schülerinnen und Schüler sollen sich in die Situation beider Figuren vor ihrer Begegnung versetzen.

Die Aufgabe für die Gruppenarbeit lautet:

- *Dem dritten Auftritt sollen zwei innere Monologe vorangestellt werden, in denen sich die beiden Figuren Kreon und Haimon jeweils über ihre Zielsetzung klar werden und darauf bezogen eine Strategie entwickeln. Entwerfen Sie jeweils einen der Monologe in Ihrer Gruppe.*

  Folgende Fragestellungen können Ihnen helfen:
  - *In welcher Situation befinde ich mich?*
  - *Welches Problem stellt sich mir?*
  - *Welches Ziel habe ich?*
  - *Wie schätze ich mein Gegenüber ein?*
  - *Mit welcher Strategie komme ich am besten an mein Ziel?*

  Tragen Sie Ihr Ergebnis der Gesamtgruppe vor.

- *Untersuchen Sie nun die Szene im Detail und überprüfen Sie dabei, inwieweit die Figuren sich entsprechend Ihrer Antizipation verhalten. Ziehen Sie ein Fazit, indem Sie die Ergebnisse zusammenfassen.*

Um die unterschiedlichen Denkweisen Haimons und Kreons zu erarbeiten, sollen die Schülerinnen und Schüler im nächsten Erarbeitungsschritt dem zentralen Leitmotiv des Dialogs nachgehen und die unterschiedliche Füllung des Begriffs „Gehorsam" durch die beiden Kontrahenten erarbeiten (s. **Arbeitsblatt 10, S. 59**). Diese Analyse soll die Unvereinbarkeit der beiden Denkweisen Kreons und Haimons deutlich machen, sodass die Schülerinnen und Schüler die harte Kontroverse vor dem endgültigen Bruch zwischen Haimon und Kreon (Stichomythie V. 726ff.) gut nachvollziehen können.

Die Schülerinnen und Schüler erhalten folgende Aufgabe:

- *Der Begriff „Gehorsam" ist einer der Leitbegriffe in dem Dialog zwischen Kreon und Haimon. Beide Figuren verstehen allerdings etwas anderes unter diesem Begriff. Ermitteln Sie die unterschiedlichen Definitionen aus dem Text (V. 632–723).*
- *Finden Sie je einen Begriff, der die Haltungen der beiden Personen charakterisiert.*

Die Ergebnisse lassen sich in folgendem Tafelbild sichern:

Kreon	**Haimon**
• Gehorsam steht über allem. • Gehorsam ist das Verhalten, das Kindern und Bürgern angemessen ist. • Der Herrscher verlangt unbedingten Gehorsam. • Ungehorsam wird bestraft.	• Gehorsam heißt, sich um den Vater sorgen. • Gehorsam ist an die Vernunft gebunden. • Vernunft darf zum Gehorsam nicht in Widerspruch stehen. • In einem Konflikt kann auch Ungehorsam richtig sein.
↓	↓
Gehorsam = unmündige Unterwerfung	Gehorsam = mündige Kindschaft

Um die unterschiedliche Redeführung der beiden Kontrahenten, Kreons apodiktische, dekretierende und Haimons verständnisvolle, konsensuelle Redeweise zu unterscheiden, sollen die Schülerinnen und Schüler noch einmal detailliert den Aufbau der beiden Reden untersuchen.

Sie erhalten folgenden Auftrag:

- *Analysieren Sie die beiden Reden Kreons (V. 639–680) und Haimons (V. 683–723). Beachten Sie dabei den Aufbau der Argumentation und die Art und Weise des Sprechens.*

Die Ergebnisse lassen sich sprachlich verkürzt in folgendem Tafelbild darstellen:

Kreon	Haimon
Aufbau: • (V. 639–647) unangefochtene Stellung des Vaters über dem Sohn; Verpflichtung der Kinder zum Gehorsam zur Erhaltung der Ordnung (Freund vs. Feind) • (V. 648–654) Aufforderung Haimons zur Trennung von Antigone, dem „schlechten Weib"; Anspielung auf Antigones baldigen Tod (V.650) • (V. 655–550) Verkündung von Antigones Todesurteil • (V. 661–676) Rechtfertigung des Todesurteils: Aufrechterhaltung der Ordnung im Staat; Notwendigkeit von gehorsamen Untertanen in Kriegs- und Friedenszeiten • (V. 677–680) Folgerung: Unordnung ist ebenso verwerflich wie ein Weibersklave zu sein.	**Aufbau:** • (V. 683–689) Reaktion auf Kreons Aussagen: erwägt die Möglichkeit, „anders [zu] denken" als Kreon (indirekt Anspielung auf Antigone) • (V. 690–700) Sohn als Vermittler zwischen Vater und den Antigone und dem Gesetz der Götter verbundenen Untertanen; Antigones Rechtfertigung der Tat („edle Tat") • (V. 701–717) nochmalige Bestätigung der Sohnespflicht dem Vater gegenüber: Glück und Stolz beider sind untrennbar miteinander verbunden; Appell an Kreons Einsicht, nachzugeben und auf andere zu hören • (V. 718–723) wiederholter Appell, auf verständigen Rat (auch des Jüngeren) zu hören
Redeweise: • provokative Redeweise, apodiktisch • Metaphorik: anschauliche Sprache, drastische Bilder, die Verachtung ausdrücken: „frostige Umarmung", Feind als „Eiterbeule"; „Ausspeien" der schlechten Frau (wie eine vergiftete Speise) • Unterstellungen (Haimon sei Antigone verfallen) • blasphemische Anspielungen (Herausforderung der Götter) • Sentenzen/allgemeine Wahrheiten zur Unterstützung eigener Ansprüche	**Redeweise:** • Bestätigung des Gegenübers, auf Konsens gerichtet • vorsichtige, begründete Abgrenzung der eigenen Position • erklärendes, argumentierendes Sprechen • anschauliche Untermalung der Appelle zur Einsicht durch Metaphorik (Bilder aus dem Bereich der Natur und der Schifffahrt)

GA

Der folgende Erarbeitungsschritt lenkt den Blick wieder auf die Entwicklung des dramatischen Geschehens und fragt nach der Bedeutung des Szenenschlusses (Haimons Abgang und Kreons Reaktion, V. 762ff.) für den zentralen Konflikt.

Nach der Auseinandersetzung Kreons mit Antigone und Ismene bilden die Konfrontation mit Haimon und die Trennung von Vater und Sohn einen weiteren entscheidenden Schritt in Richtung auf die Katastrophe.
Kreons tragischer Abstieg wird leitmotivisch durch die zunehmende Dysfunktion seiner Sinne eingeleitet. Sehen und Hören sind zentrale Erkenntnisinstrumente rechten Handelns und geben dem Menschen Orientierung. Wenn z. B. der Chor Haimon ankündigt: „Sieh Haimon

dort, den Jüngsten des Stamms!" (V. 627) und damit implizit schon auf Kreons Blindheit in der kommenden Auseinandersetzung hinweist, antwortet Kreon in tragischer Verblendung: „Gleich wissen wir es besser als die Seher" (V. 631). Auf Kreons Taubheit wiederum zielt Haimons Entgegnung am Ende des Gesprächs: „Du willst nur immer reden, doch nicht hören" (V. 757). Besonders in den letzten Worten des Dialogs wird die Gleichstellung von Verblendung und Wahn-Sinn evident. Haimon: „Nein, bilde dir nicht ein, dass sie hier stirbt / vor meinen Augen. Doch du wirst vor deinen / Nie mehr mein Haupt erblicken [...]" (V. 762ff.).
Die hochdramatische Trennung von Vater und Sohn am Ende der Auseinandersetzung markiert eine weitere entscheidende Phase in der tragischen Entwicklung: Der Konflikt zwischen Kreon und Antigone hat zur Aufkündigung der verwandtschaftlichen Bande zwischen Onkel und Nichte geführt, der Bruch zwischen Vater und Sohn leitet den endgültigen Zerfall der Familie ein. Kreon wird zum Außenseiter, der alle und alles verliert. In seinem Wahn führt er die Katastrophe herbei und erfüllt so das Schicksal der Labdakiden. Er leitet den endgültigen Untergang des Geschlechtes ein.

Die Schülerinnen und Schüler erhalten folgende Aufgabe:

- *Analysieren Sie den letzten Teil der Szene (V. 726–766), indem Sie die Vorausdeutungen auf die Katastrophe herausarbeiten (Kreon hat hier zum letzten Mal die Gelegenheit umzukehren).*

3.4 Kreon und Teiresias: „Doch heute steht dein Glück auf Messerschneide"

Kreon hat bereits mehrfach die Götter durch übermütige und maßlose Worte herausgefordert (vgl. die Verhöhnung der Götter in V. 654: „Und lass sie [Antigone] drunt im Hades Hochzeit halten"). Ebenso wählt Kreon die Todesart für Antigone, die Einmauerung bei lebendigem Leibe, in gotteslästerlicher Absicht. Kreon versucht so, die Schuld an ihrem Tod von sich selbst und der Stadt abzuwälzen. Er wäscht seine Hände in Unschuld und überschreibt die Verantwortung für das weitere Schicksal Antigones an die Götter: „Dass nicht Befleckung schände unsre Stadt; / Soll dort um Rettung dann zum Hades beten." (V. 776f.)
Der Höhepunkt der Blasphemie zeigt sich in der letzten Begegnung Kreons mit Teiresias. Zum Zeitpunkt dieser Auseinandersetzung ist Kreon bereits so verblendet, dass alle Hinweise des Sehers und seine Warnungen ihn nicht mehr berühren. Die Katastrophe ist unvermeidbar.
Kreon verliert jegliches Maß, als er dem Seher Betrug und Bestechlichkeit unterstellt („Die ganze Seherzunft liebt nur das Geld" [V. 1055]) und damit direkt die Götter beschuldigt. Von da an gibt es für Kreon keine Rettung mehr. Die Verfluchung und Vernichtung seines ganzen Hauses ist die konsequente Bestrafung (s.V. 1084ff.).
Die Schülerinnen und Schüler sollen den fünften Auftritt als retardierendes Moment, als letzte Möglichkeit einer Rettung vor der Katastrophe interpretieren. Die dramatische Entwicklung der Begegnung zwischen den beiden Figuren lässt sich in einer Reihe von Standbildern im Überblick erfassen. Kreons Zutrauen zu den Fähigkeiten des Sehers („Ich habe stets mich deinem Rat gebeugt" [V. 993]) weicht, er fühlt sich nun auch von ihm verfolgt („Wie die Schützen auf ein einzig Ziel, / So zielt ihr allesamt nach meiner Brust" (V. 1033f.) und greift Teiresias mit harten Worten an. Erst am Schluss der Auseinandersetzung ahnt Kreon, dass er zu weit gegangen ist. Er gesteht seine Verfehlung: „Ich weiß es selbst und fühle mich erschüttert." (V. 1095).

Die Schülerinnen und Schüler erhalten folgende Aufträge:

- *Analysieren Sie die Begegnung zwischen Teiresias und Kreon im Hinblick auf die Veränderung ihres Verhältnisses zueinander.*
- *Markieren Sie die Wendepunkte und entwerfen Sie passende Standbilder.*
- *Suchen Sie jeweils ein charakteristisches Zitat, das die Personen aussprechen oder als Zitatkarte bei sich führen.*
- *Stellen Sie die Standbilder nebeneinander auf und kommentieren Sie sie.*

Abschließend sollen die Schülerinnen und Schüler sich dem Dramenschluss und der Frage nach Kreons Schuld zuwenden (Textausgabe S. 52–54). Kreon hat durch die unmenschlichen Leiden gelernt. Er ist wieder zu sich gekommen, seine Hybris, seine Selbstüberschätzung und Verblendung, ist der Sophrosyne gewichen, der Fähigkeit, den rechten Mittelweg zu halten.[1]

Die Schülerinnen und Schüler erhalten folgenden Auftrag:

- *Vernant sagt über das Verhältnis zwischen Göttern und Menschen: „Daher besagt eines der wichtigsten Prinzipien griechischer Weisheit über das Verhältnis zu den Göttern, dass der Mensch nicht versuchen dürfe, auf welche Weise auch immer, sich zu ihnen aufzuschwingen" (Textausgabe S. 56). Sammeln Sie Beispiele, die zeigen, dass Kreon dieses Prinzip verletzt hat.*
- *Bewerten Sie Kreons Bekenntnis: „Ich Ärmster hab gelernt" (V. 1271). Inwieweit enthält Kreons Klagelied Indizien für eine Selbsterkenntnis?*

Die Frage nach der Beschaffenheit der Figur Kreon als eines tragischen Menschen soll zuletzt an der Definition des Aristoteles überprüft werden (s. **Arbeitsblatt 11, S. 60**). Dazu erhalten die Schülerinnen und Schüler einen Auszug aus einem Aufsatz von Wolfgang Schadewaldt[2] und die folgende Aufgabe:

- *Fassen Sie die wesentlichen Gedanken des Textes zusammen.*
- *Überprüfen Sie, inwiefern Kreon der Bestimmung eines tragischen Helden entspricht.*

3.5 Der Chor: Kommentator und Mitspieler

Die Entwicklung der griechischen Tragödie aus dem Kultus hat zu einer Besonderheit der Struktur und sprachlichen Gestaltung des antiken Dramas geführt: zum Nebeneinander von chorischen, lyrischen Gesängen und dialogischen Sprechpartien. Die Funktion des Chores im Drama ist entsprechend vielfältig. Zum Verständnis des Dramas ist es wichtig, die Rollen des Chors zu unterscheiden. Martin Hose unterscheidet in dem Text „Die Form des klassischen Dramas" (Textausgabe S. 63ff.) drei Aufgaben des Chores:

1. Er strukturiert mit seinen Liedern (Stasima) die Dazueintritte der Schauspieler (Episoden).
2. Er stimmt im Wechsel mit den Schauspielern Gesänge an, die die Handlung begleiten.

---

[1] Vgl. Wörterbuch der Antike mit Berücksichtigung ihres Fortwirkens. Stuttgart 1966 (7. Auflage, Kröner, Kröners Taschenbuchausgabe Band 96), S. 552.

[2] Sophokles Antigone. Herausgegeben und übertragen von Wolfgang Schadewaldt. Mit einem Aufsatz zur Wirkungsgeschichte und Illustrationen. Frankfurt am Main 1974 (Insel Taschenbuch 70), S.108–111.

3. Er agiert selbst als dramatis persona und tritt mit den Schauspielern in direkte Gespräche, in denen er die Verhaltensweisen der Figuren zustimmend oder ablehnend kommentiert.

Die letztgenannte Funktion des Chors soll im Folgenden genauer untersucht werden (s. **Arbeitsblatt 12, S. 62**). Dabei wird didaktisch auf das Verhältnis Chor - Kreon reduziert. Wegen des Textumfangs und der Komplexität der Aufgabe wird ein „Halbfertigprodukt" in Form einer Lückentabelle erstellt.
Die Schülerinnen und Schüler erhalten folgende Aufgaben:

- *Informieren Sie sich in der Textausgabe S. 63f. über die Funktion des Chors im griechischen Theater. Ziehen Sie ggf. Ergebnisse einer Recherche hinzu.*
- *Stellen Sie in einer Tabelle die Textpassagen zusammen, in denen sich der Chor als dramatische Person (dramatis persona) in die Handlung einmischt.*
- *Untersuchen Sie diese Stellen in Hinblick auf die Funktion, die der Chor dabei einnimmt. Benennen Sie die Funktionen.*

Folgende Ergebnisse sind zu erwarten:

Textstelle	Inhalt	Funktion
V. 162ff. V. 211ff.	Chor ist Adressat von Kreons Regierungserklärung	Zustimmung des Chors: Kreons Herrschaftsanspruch ist legitim
V. 278f.	Chor weist auf mögliches göttliches Wirken hin. Kreon will davon nichts hören	Ermahnung
V. 471f.	Chor wirft A. „stolzen Sinn" vor. Chor als Gemeinschaft der Bürger Thebens/Öffentlichkeit	Ermahnung Antigones; Erinnerung an den Mythos, Prophezeiung
V. 574	Chor wirft Kreon Verrat an seinem Sohn vor	Aufforderung, Vaterpflichten und gesellschaftliche Vereinbarungen (Verlobung) zu berücksichtigen
V. 626ff.	Chor kündigt Haimon an	Chor erklärt und kommentiert seine Erscheinung
V. 681f. V. 724f.	Chor reagiert auf die Reden Kreons und Haimons. Bestätigung der Meinung Kreons, gleichzeitig ermahnt er Kreon, auf Haimon zu hören	Kommentar, der beiden Seiten gerecht werden will; Unentschiedenheit des Chors
V. 766f.	Chor weist auf Haimons Abgang hin	Kommentar und Prophezeiung künftigen Unheils; Ermahnung Kreons
V. 1091ff.	Nach Teiresias' Abtritt Hinweis auf die Unbescholtenheit des Sehers Entscheidung des Chors für die Seite Antigones	Chor verstärkt seine Ermahnungen: Anstoß zur Umkehr Kreons
V. 1257ff.	Chor beschreibt Kreons Erscheinen mit dem toten Haimon	Chor verurteilt Kreon, weist ihm eigene Schuld zu
V. 1326f.	Chor stimmt Kreon zu, unterstützt seinen Wunsch, seinem Leben ein Ende zu setzen	Bestätigung der Entscheidung Kreons

Textstelle	Inhalt	Funktion
V. 1333ff. V. 1337f.	Chor beruft sich auf die Macht des Schicksals	Verbindung von Göttern und Menschen: Wiederherstellung der Ordnung
V. 1345ff.	Chor verurteilt das unrechte Handeln Kreons	Chor zieht Bilanz aus dem Geschehen, gibt eine für die Nachwelt gültige Lehre

Abschließend erhalten die Schülerinnen und Schüler Gelegenheit, sich in szenischem Spiel noch einmal mit wichtigen Passagen des Textes produktiv auseinanderzusetzen.
Dazu erhalten sie folgende Aufträge zur Wahl:

- *Formen Sie den Schluss des Dramas (Botenbericht V. 1192–1239) in eine dramatische Szene um.*
  Personen: Haimon, Kreon, Diener, Antigone
  Ort: Vor dem und im Felsengrab der Antigone
- *Wählen Sie eine Chorpassage, z. B. das erste Standlied, aus. Üben Sie in Ihrer Gruppe rhythmisches Chorsprechen. Zur Unterstützung lassen sich Rhythmus-Instrumente einsetzen. Tragen Sie Ihre Szene vor.*
- *Fertigen Sie Stabmasken für die Hauptpersonen an und führen Sie eine Passage Ihrer Wahl mit den Masken auf. (Material: Holzstäbe, fester Zeichenkarton) (Abbildungen von Masken s. Zusatzmaterial 9, S. 119)*
- *Tauschen Sie sich anschließend über die Wirkung der Masken auf den Spieler und die Zuschauer aus*[1]*.*

Notizen

[1] Hinweise dazu in: Albrecht Schau. Szenisches Interpretieren im Unterricht. Stuttgart u. a. 1991 (Klett) (Werkstatt Literatur), S. 73f., 76.

Antigone und Ismene (Prolog)

Lesen Sie den Prolog und betrachten Sie anschließend das vorliegende Bild. Diskutieren Sie in Ihrer Gruppe: Passt das Bild als Illustration zum ersten Auftritt der Schwestern? Begründen Sie Ihre Position unter Bezug auf den Text. Machen Sie ggf. einen Änderungsvorschlag (Skizze genügt).

Marie Spartoli – Stillmann (1844–1927): Antigone aus Sophokles' ‚Antigone'

Eignung als Illustration

ist geeignet	ist nicht geeignet
•	•
•	•

Kreon, Herrscher von Theben

- *Es geht um Kreons Selbstverständnis als Herrscher von Theben: Ermitteln Sie aus seiner Regierungserklärung (V. 162–210 und V. 666–676) die Prinzipien seiner Herrschaft. Tragen Sie diese in den Werteschild ein.*
- *Verfassen Sie anschließend auf der Basis Ihres Schildes eine kurze Rede Kreons, in der er an sein Volk appelliert und es zur Gefolgschaft aufruft.*
- *Präsentieren Sie Ihre Ergebnisse dem Kurs.*

Stichpunkte für die Rede Kreons (V. 162ff.):

Ich, Kreon, Herrscher von Theben, verkünde euch heute:

Kreon und Antigone

Vergleichen Sie die beiden Standbilder von der Begegnung zwischen Antigone und Kreon (V. 442–525).

- *Beschreiben Sie die Konfiguration. Tragen Sie Ihre Ergebnisse in die Liste ein:*
- *Lesen Sie den Textauszug (V. 442–525) und entscheiden Sie anschließend, welches der beiden Szenenbilder die Atmosphäre der Begegnung treffender darstellt.*

Beschreibung der Standbilder

	Bild 1 (Staatstheater Kassel 1969)	**Bild 2 (Theatermuseum Düsseldorf)**
Körperhaltung, Mimik, Gestik		
Stellung der Figuren zueinander		
Kostüme		
Requisiten/ Bühnendetails		
Sonstige Beobachtungen		

οὔτοι συνέχθειν, ἀλλὰ συμφιλεῖν ἔφυν.

1. „Nein! Hass nicht, Liebe ist der Frau Natur." (Weinstock)

2. „Mitlieben, nicht mithassen ist mein Teil" (Kuchenmüller)

3. „Nicht um Feind, nein, um Freund zu sein ward ich geboren." (Zink)

4. „Zum Hasse nicht, zur Liebe bin ich." (Hölderlin)

5. „Aber nicht mithassen, mitlieben muss ich!" (Schadewaldt)

- *Der Vers 523 aus Sophokles' „Antigone" gehört zu den geflügelten Worten, d. h. zu den bekanntesten Zitaten der Weltliteratur. Alle Übersetzer des Dramas haben sich über den Sinn dieser Worte Gedanken gemacht und in ihren Übersetzungen eigene Akzente gesetzt. Fünf verschiedene Übersetzungen werden Ihnen vorgestellt. Vergleichen Sie die Fassungen miteinander und beschreiben Sie die unterschiedlichen Akzentsetzungen. Einigen Sie sich vor dem Hintergrund Ihres Textverständnisses/des Kontextes in der Gruppe auf die „best version".*
- *Erstellen Sie abschließend einen „Zitatenteppich" zur Figur der Antigone.*

Vergleich der Zitate

Begründung der Auswahl

Gehorsam

Aufgaben:

- *Der Begriff „Gehorsam“ ist einer der Leitbegriffe in dem Dialog zwischen Kreon und Haimon. Beide Figuren verstehen allerdings etwas anderes unter diesem Begriff. Ermitteln Sie die unterschiedlichen Definitionen aus dem Text (Textausgabe ~~S. 31~~, V. 632–723).*
- *Finden Sie je einen Begriff, der die Haltungen der beiden Personen charakterisiert.*

G

E

H

O

R

S

A

M

Wolfgang Schadewaldt: Vom Wesen der Tragik

Das Tragische – es sei zunächst vom Wesen des Tragischen allgemein gehandelt – wird nach unserer Schulästhetik vor allem durch drei Begriffe konstituiert: den Begriff des *tragischen Schicksals,* den der *tragischen Schuld* und den des *tragischen Konflikts.* Dabei hat man das tragische *Schicksal,* an einer heute überholten Deutung des „König Ödipus" orientiert, als das unentrinnbare Fatum verstanden, in dessen Hand der Mensch nicht viel mehr als eine Marionette ist. Die „Schicksalstragödie" beruhte darauf, die es im Griechischen nicht gibt. – Als tragische *Schuld* galt eine Schuld, in die der „Held" sich meist aus edlen Motiven verstrickt und für die er dann unverhältnismäßig schwer büßen muß. Und drittens: den tragischen *Konflikt* verstand man meist als sogenannten Konflikt der Pflichten, wo man sich zwischen zwei einander ausschließenden Verbindlichkeiten, z. B. der öffentlichen und der familiären, zu entscheiden hatte, oder auch: Es streiten in des Menschen eigener Seele Neigung und Pflicht, Natur und Gesetz miteinander, was zu der neuzeitlichen Charaktertragödie führt. – Alle diese modernen Bestimmungen enthalten einen richtigen Kern. Allein, sie reduzieren die große Lebenserscheinung der Tragödie viel zu sehr ins Idealistische, Moralistische, Individualistische und treffen vielfach weder auf die Tragödie Shakespeares noch die antike Tragödie zu, wo die Dinge viel elementarer, einfacher, kompakter sind. Darum tun wir wohl gut, wenn wir uns zunächst einmal an die Deutungen des Tragischen durch die Griechen selber halten. Sie sind überraschend einfach, wollen nicht erschöpfen, sondern nur Konturen geben und sind doch so überaus vielsagend, wenn man ihre schlichte Sprache von der Erfahrung her mit dem Worte Goethes zu „supplieren" weiß.

Da stoßen wir auf eine Wesensbestimmung des Tragischen, die bis in die Zeit der lebendigen Tragödie zurückreicht und von den sogenannten Sophisten stammt. Sie besagt mit überraschender Griffigkeit, die Tragödie sei „eine Darstellung von schrecklichen und jammervollen Begebenheiten". „Tragisch" bedeutet danach für die Griechen auch weiter immer so viel wie „schrecklich und jammervoll". – Man hat damals auch das Paradoxe hervorgehoben, dass die Menschen scharenweise ins Theater strömen, um sich beim Sehen einer Tragödie Schmerzen zufügen zu lassen, und sich auch noch darüber freuen. Die nur scheinbare Paradoxie gibt den tieferen Hinweis auf die in der Menschennatur liegende *Lust am Schrecklichen.* Die tragische Lust mag irgendwie auf dieser elementaren Lust am Schrecklichen beruhen. –

Da fragt man weiter nach der Art der Handlung, die das Schreckliche und Jammervolle hervorruft, und findet – wieder unendlich einfach –, dass die tragische Handlung einen „Umschwung" bringe: Umschwung von Glück in Unglück oder von Unglück in Glück. Auch das Zweite ist möglich; die Tragödie der Griechen kann glücklich, mit einer Versöhnung, einer Befreiung enden, nur muss in ihr ernsthaft gelitten werden. Doch gilt die Tragödie vornehmlich als der Wandel von Glück in Unglück. Man hat dies auch so präzisiert: Was die Tragödie darstelle, das sei der „Glücksruin eines Menschen von hoher Art".

Wie man sieht, enthält die Bestimmung des Glücksumschwungs das, was wir heute Schicksal nennen. Aber Schicksal nicht als dunkle Vorbestimmung und unentrinnbares Fatum, sondern Schicksal als „des Handelns und des Lebens Eudaimonie und Kakodaimonie", d. h. des guten und des schlimmen Wirkens des Daimon. Dieser „Daimon" ist, um es kurz zu sagen, für den Griechen das Göttliche, insofern es sich unergründlich, unbestimmbar, unfasslich, unerwartet und meist zum Schlimmen an dem Menschen auswirkt.

Des Weiteren wieder fragte man danach, wie beschaffen der tragische Mensch sein muss, und traf die Bestimmung, dass er weder sittlich vollkommen noch auch ein ausgemachter Bösewicht sein dürfe. Der tragische Mensch muss ein Mensch von „unserer" Art, eben ein Mensch sein, nur freilich einer von Ansehen und Bedeutung. – Und weiter: Eine tragische Schuld im modernen, subjektiven Sinne braucht dieser Mensch sich nicht zuzuziehen. Was ihn als tragisch charakterisiert, ist gerade eine Art unschuldiger Schuld. Was er begangen haben muss, um sich im tragischen Sinne zu verstricken, ist eine „gewisse Verfehlung", wie es heißt, Verfehlung freilich, bei der es nicht um Bagatellen gehen darf, sondern die, objektiv gesehen, „beträchtlich" sein muss. Diese Verfehlung hat zumeist den Charakter der Beirrung und Verblendung, in der nun wieder eine dämonische Gewalt, die Göttin Ate, Beirrung, wirkt. Alle Menschen von Kraft, Menschen von Leidenschaft ‚inklinieren' für sie, sind für sie prädisponiert, und zumal der Daimon des Zorns, der blind macht, ruft sie herauf, oder auch der gefährliche Überschwang der großen feurigen Seele, die Hybris.

Und weiter: Neben dem *Leid,* das unabdingbar mit dem „Schrecklichen und Jammervollen" als die Sphäre des Tragischen gegeben ist, steht notwendig der *Streit.* Gegensätze brechen unter den Menschen auf und werden zwischen ihnen ausgetragen. – Die

Frage geht nun darauf, wie die Menschen zueinander stehen müssen, die den Gegensatz austragen. Nun, sie dürfen weder erklärte Feinde noch solche sein, die einander überhaupt nichts angehen. Denn der Gegensatz zwischen Feind und Feind ist selbstverständlich, der zwischen Neutralen belanglos. Tragisch ist der Gegensatz zwischen solchen Menschen, die von Natur oder auch durch „Freundschaft" ursprünglich miteinander verbunden sind, z. B. wenn Bruder und Bruder, Sohn und Vater, Mutter und Sohn, Freund und Freund miteinander in Gegensatz geraten, sich Leiden zufügen und sich wohl gar vernichten. Dies ist alsdann ein tragischer Konflikt, der über den Konflikt von Verbindlichkeiten moralischer oder gesellschaftlicher Art weit hinausgreift, denn er ist ein Riss, der durch naturgegebene Zugehörigkeiten der Menschen zueinander hindurchgeht und das Zusammengehörige gegeneinander aufbringt.

Einen der wichtigsten Hinblicke auf das Wesen des Tragischen bringt schließlich der berühmte Satz des Aristoteles (aus dem wir überwiegend auch die bisherigen Bestimmungen genommen haben): die Tragödie führe den Hörer durch Furcht und Mitleid, oder richtiger durch Schrecken und Jammer, am Ende auf eine Katharsis, Reinigung von diesen und ähnlichen Erregungen hinaus. Was hiermit gemeint ist, sind nicht humanitäre Empfindungen in Lessings Sinne, und die Tragödie der Griechen läuft durchaus nicht auf eine moralische Besserung des Zuhörers hinaus – was jeder realen Erfahrung widerspricht. Es geht um die „spezifische Lust", die die Tragödie, wie jede Art von Kunst und Dichtung, erzeugt. Es geht um das spezifisch „tragische Vergnügen", und dies beruht, nach Aristoteles und den Griechen, auf der Erregung der menschlichen Elementaraffekte des Schreckens und Schauderns und sodann des Jammers. Nur dass für die höhere tragische Lust entscheidend ist, dass der Zuhörer, wenn er im Lauf des Spiels genugsam durch Schrecken und Jammer hindurchgejagt ist, wenn sich die Haare ihm sträubten und er in Tränen hinfloss, am Ende wundersam erleichtert, aufatmend, mit befreitem Gefühl das Theater verlässt. – Es ist eine Bestimmung, die dem modernen Ethiker und Ästheten alarmierend primitiv erscheinen mag. Allein, sie beschreibt die gesunde Wirkung der großen elementaren Tragik, so wie auch die Tragik Shakespeares war, auf gesund empfindende einfache Herzen. Und Wesentliches ist mit ihr gefasst. Den Schrecken, den Schauder erlebt der Hörer, solange das Unheil von fern her heranaht, und so ist diesem Schrecken, diesem Schauder das furchtbare Walten des Dämon zugeordnet. Der Jammer, der die Tränen in uns hervortreibt, kommt herauf, wenn das Furchtbare hereinbrach und das Glück des hohen Menschen sich in unausdenkliches Unglück gewandelt hat. Doch erlebt der Zuhörer den echten, den tragischen Jammer nur dann, wenn er ein innerliches Missverhältnis zwischen dem Furchtbaren, das hereinbrach, und der hohen Art des Menschen, den es trifft, empfindet. – Die kathartisch aufatmende Befreiung aber, nachdem der Zuschauer die große Kurve des Schreckens und des Jammers durchmessen hat, kann nur dann eintreten, wenn in alledem, was da gegen jede menschliche Begreiflichkeit gelitten wurde, sich schließlich doch der große Horizont des Göttlichen manifestiert, wie Sophokles es im letzten Wort seiner Trachinierinnen-Tragödie ausspricht: „Und in alle diesem ist nichts, was nicht Zeus ist".

Aus: Sophokles: Antigone. Aus dem Griechischen und herausgegeben von Wolfgang Schadewaldt © Insel Verlag 1974.

- *Fassen Sie die wesentlichen Gedanken des Textes zusammen.*
- *Überprüfen Sie, inwiefern Kreon der Bestimmung eines tragischen Helden entspricht.*

Der Chor

1. *Informieren Sie sich im Textheft S. 63ff. über die Funktion des Chors im griechischen Theater. Ziehen Sie ggf. Ergebnisse einer Recherche hinzu.*
2. *Stellen Sie in einer Tabelle die Textpassagen zusammen, in denen sich der Chor als dramatische Person (dramatis persona) in die Handlung einmischt.*
3. *Untersuchen Sie diese Stellen in Hinblick auf die Funktion, die der Chor dabei einnimmt. Markieren Sie die Funktionen.*

Textstelle	Inhalt	Funktion
V. 163ff. V. 211ff.	Chor ist Adressat von Kreons Regierungserklärung.	Zustimmung: Kreons Herrschaftsanspruch ist legitim.
V. 278f.	Chor weist auf mögliches göttliches Wirken hin, Kreon will davon nichts hören.	
V. 471f.		Ermahnung Antigones; Erinnerung an den Mythos, Prophezeiung
	Chor wirft Kreon Verrat an seinem Sohn vor.	
		Chor erklärt und kommentiert seine Erscheinung.
V. 681f. V. 724f.		
V. 766f.	Chor weist auf Haimons Abgang hin.	
		Chor verstärkt seine Ermahnungen: Anstoß zur Umkehr Kreons.
	Chor beschreibt Kreons Erscheinen mit dem toten Haimon.	
V. 1326f.		
		Verbindung von Göttern und Menschen: Wiederherstellung der Ordnung

Baustein 4

Anouilh: „Antigone“

4.1 Personen und Handlung

In diesem Baustein geht es um die bekannteste Neufassung des antiken Dramas „Antigone“, Jean Anouilhs „Antigone“ aus dem Jahr 1942.
Der historische Hintergrund spielt eine wichtige Rolle beim Verständnis des Stückes. Deshalb ist es notwendig, vor Beginn der Besprechung des Theaterstücks eine kurze Einführung in die Situation der damaligen Zeit zu geben. Das kann durch einen Lehrervortrag oder durch ein Kurzreferat geschehen.[1]

1942, zur Entstehungszeit des Stückes, hält sich Anouilh im von den Deutschen besetzten Paris auf. Frankreich wird von einem Kollaborationsregime unter der Leitung von Maréchal Pétain regiert. Während der Besatzungszeit bildet sich die Widerstandsbewegung (Résistance), die von General de Gaulle, dem späteren Staatspräsidenten, von London aus geleitet wird. Sie bekämpft die Kollaborationsregierung mit Sabotageakten und Attentaten.
Die Idee für sein Theaterstück erhielt Anouilh 1942. Ein junger Mann, Paul Colette, schießt während einer Versammlung der L.V.F. (Légion des Volontaires Français) in Versailles auf eine Gruppe von Kollaborateuren. Colette gehörte keiner Widerstandsgruppe oder politischen Bewegung an, hatte also offensichtlich kein politisches Motiv. Gerade dieser Umstand war es, der Anouilh zu seinem Theaterstück inspirierte. Colettes einsame Tat war für ihn heroisch und sinnlos zugleich. Sie enthielt die Essenz des Tragischen selbst.
Zur damaligen Zeit griffen französische Autoren häufig auf antike Dramen zurück und modernisierten sie. (Bekannt ist u. a. Giroudoux' „La guerre de Troie n'aura pas lieu“, das Anouilh sehr beeindruckt hat.) Anouilh fand im Antigone-Stoff die kongeniale Vorlage für seine Vorstellungen. Er bearbeitete das Stück, modernisierte Sprache und Handlung und gab ihm eine ganz persönliche Note.
Neben der historischen Relevanz des Stückes ist für heutige Schülerinnen und Schüler die Frage interessant, wie es Anouilh gelingt, eine moderne Version der „Antigone“ zu schaffen, von der Käte Hamburger sagt: „Diese ist nicht nur an sich die einzige dramatische Dichtung von Bedeutung, die nach Sophokles den Antigone-Stoff behandelt hat, sondern es liegt hier auch der eigentümliche und seltene Fall vor, dass eine moderne dichterische Gestaltung des antiken Stoffes sich zugleich als eine Art von Interpretation dieses Stoffes darstellt.“[2] Als Existenzialist verzichtet Anouilh auf jegliche metaphysische Weltdeutung und so stellt sich die Frage: Wie kann das Handeln Antigones motiviert werden, wenn metaphysische Bezüge irrelevant geworden sind? Für Anouilh gibt es keine Antwort auf die Frage nach dem Sinn menschlicher Existenz und der Moral menschlichen Handelns. Seine Figuren müssen sich in einer Welt bewähren, deren Sinnhaftigkeit sich nicht mehr metaphysisch erschließt. Das drückt sich in Kreons Worten „Ich möchte nämlich, dass du ein wenig hinter die Kulissen dieses Dramas blickst, wenn du schon darauf brennst, eine Rolle darin zu spielen“(Textausgabe S. 90) ebenso wie in Antigones letzter Aussage „Ich weiß nicht mehr, wofür ich sterbe“[3] aus.

---

1 Eine knappe Einführung findet sich bei E. Hermes, a. a. O., S. 89–91. Vgl. Zusatzmaterial 5, S. 110f.
2 Käte Hamburger: a. a. O., S. 192
3 Die Seitenangabe bezieht sich auf die Textausgabe: Jean Anouilh: Antigone, München: Langen Müller ,16. Aufl., 1983

Die Sinnlosigkeit der Existenz führt zur Aufhebung der Tragik. Das ergibt sich schon aus der Einführung des Sprechers zu Beginn des Stückes: „Hier werden nicht Schauspieler vorgezeigt, die sich auf ihre Bühnenrolle vorbereiten, sondern Figuren des Theaterstücks, die sich für die Rolle ihrer Existenz sammeln." Der Prolog ist „das Verweilen bei dem bedeutsamen Augenblick, in dem sich die Hauptfigur des angekündigten Schauspiels mit der Entscheidung ihres Lebens konfrontiert sieht. Diese Entscheidung ist ein existenzieller Akt [...]. Sie wählt die Rolle, die ihr Schicksal bestimmen wird."[1]

Anouilhs Stück soll im Folgenden vor dem Hintergrund von Sophokles' Tragödie bearbeitet werden.[2] Die Schülerinnen und Schüler sollen zunächst die Differenzen zwischen antiker Vorlage und moderner Version erarbeiten und in diesem Zusammenhang erste Interpretationshypothesen aufstellen (s. **Arbeitsblatt 13, S. 74**). Sie erhalten einen Überblick über den vollständigen Handlungsablauf, sodass die Veränderung des Personenspektrums und des Handlungsverlaufs erkennbar wird. Anouilh führt nämlich neue Figuren (Amme, Spielführer) ein und erweitert auch die Handlung durch zusätzliche Szenen (Haimon-Antigone, Antigone-Wächter). Andererseits entfällt die Rolle des Teiresias.

Mit den Veränderungen sind wichtige Sinnverschiebungen verbunden: Die Figur Antigones wird, anders als in der antiken Vorlage, in einen konkreten familialen Kontext gestellt. Die Rolle der Amme im Zusammenhang mit weiteren Details der Handlung und des Schauplatzes dient dabei der Profilierung der Figur Antigones. Sie lebt in behüteten Verhältnissen, noch ganz im Kosmos ihrer Kindheit. Durch die Figuration (z. B. Antigone-Amme) rücken existenzielle Grunderfahrungen ins Zentrum: der Übergang ins Erwachsenenalter, die Ablösung vom Elternhaus, Einsamkeit und Sehnsucht nach Freundschaft und Liebe, Suche nach Freiheit und Unabhängigkeit, Widerstand gegen die Welt der Erwachsenen.

Zur Bearbeitung des ersten Zugriffs erhalten die Schülerinnen und Schüler eine tabellarische Gesamtübersicht über Anouilhs Stück (s. Arbeitsblatt 13) und folgende Aufgaben:

- *Vergleichen Sie die Personenverzeichnisse der beiden Dramen miteinander (Textausgabe S. 9 und S. 80). Was fällt Ihnen auf?*
- *Vergleichen Sie den Handlungsverlauf in beiden Dramen, beachten Sie dabei auch Anordnung und Umfang der einzelnen Szenen. Welche Differenzen stellen Sie fest? Die notwendigen Informationen entnehmen Sie der Vorrede des Sprechers (Textausgabe S. 81ff.) und dem obigen Handlungsüberblick.*
- *Ziehen Sie Schlüsse aus Ihren Beobachtungen: Inwiefern kann man von einer Modernisierung des antiken Stoffes sprechen? Worin besteht Ihrer Meinung nach die Attraktivität der neuen Fassung?*

Die Ergebnisse können in folgenden Tafelbildern oder mit einer Lösungsfolie gesichert werden:

[1] Brigitta Coenen-Mennemeier: Einsamkeit und Revolte. Dortmund: Lambert Lensing 1966, S. 83

[2] Vgl. dazu auch Textausgabe S. 78ff.

Änderungen des Figurenspektrums	Änderungen in der Handlungskonstruktion	Änderungen von Sprechweise und Stil
Hinzufügungen: Amme, Sprecher, Wächter, Page Kreons	zusätzliche Szenen: • Einführung durch den Sprecher (Prolog) • Amme und Antigone • Hämon und Antigone • Wächter und Antigone (im Verlies)	Prosa Alltags- bzw. derbe Umgangssprache (z. B. Kreon: um die Ecke bringen, Halunken, Gauner, Schweinehund) alltäglicher Dekor
Aussparungen: Teiresias, Chor	fehlende Szenen: • Kreon-Teiresias • Chorlieder • Verkürzung des Dialogs zwischen Kreon und Hämon • neue Gewichtung der Szene Kreon-Antigone; besondere Bedeutung dieser Szene bzgl. der Gesamtaussage des Stückes	

Modernität des Stückes

- Reduktion des mythologischen Kontexts
- Vermenschlichung der Figur der Antigone (gewöhnliches junges Mädchen)
- Emotionalisierung des Stoffs durch Mutterfigur der Amme
- Betonung der Privatheit durch Liebesszene mit Hämon
- keine Chorlieder
- Aufhebung der Handlungsspannung durch den Sprecher
- Betonung der Alltäglichkeit der Handlung
- direkte Sprechweise der Personen
- moderner Dekor und zeitgenössische Kostüme (Understatement)

4.2 Kreon: „Was soll ich denn tun? Sie zum Leben verurteilen?“

Ein weiterer Untersuchungsaspekt bezieht sich auf die Veränderung der Hauptpersonen Kreon und Antigone. Didaktisch gesehen sind zunächst die ins Auge fallenden Differenzen der antiken und der modernen Herrscher-Figur Kreon interessant. Schon die Präsentation Kreons durch den Sprecher zeigt die wesentlichen Akzentverschiebungen: „Der kräftige, weißhaarige Mann, der nachdenklich dort neben dem Pagen sitzt, das ist Kreon. Er ist der König. Er hat Runzeln und ist müde. Er versucht sich in dem mühsamen Spiel, die Menschen zu führen.“ (S. 82) Anouilh führt einen anderen Kreon ein, einen Pragmatiker und Skeptiker, der das Leben liebt und seine Erfahrungen gemacht hat. Bei aller Rücksichtslosigkeit in der Verfolgung seiner Ziele zeigt dieser Kreon auch humane Züge. Er sorgt sich wie ein guter

Onkel um das Wohl Antigones und will vor allem verhindern, dass sie ihr Leben sinnlos opfert. Gefühle sind ihm nicht fremd und er zeigt sie auch, ganz im Gegensatz zu seinem antiken Vorbild. *(Kreon still,* „Ja ich habe Angst.“ „Ich verstehe dich; mit zwanzig Jahren hätte ich genauso gehandelt wie du.“ [Textausgabe S. 88 und S. 91]) Kreon toleriert auch die Liebe zwischen Hämon und Antigone, ja er nutzt sie sogar als wichtiges Argument in der Auseinandersetzung mit Antigone. (Kreon: „Sieh, mein Sohn liebt dich.“„Sprich mit Hämon! Heiratet bald.“ [Textausgabe S. 89 und S. 91]).
Nach der Gefangennahme versucht er, Antigone zu überzeugen, sich nicht für eine sinnlose Sache aufzuopfern, und fast gelingt es ihm. Sein stärkstes Argument ist, Antigone zu beweisen, dass beide Brüder Verräter, „Schweinehunde“, gewesen seien. Man habe die Leichen nach dem Kampf nicht mehr identifizieren können. Ihr Begräbnis sei eine einzige Farce zur Beruhigung des Volkes gewesen (vgl. Textausgabe S. 90). Anouilhs Kreon setzt also alles daran, Antigone zu retten, aber er scheitert an ihrer Sturheit. Anders ist es bei Sophokles: Da ist Kreon der Halsstarrige, Uneinsichtige, der sich allen guten Ratschlägen widersetzt. Anouilh braucht daher auch keine Vermittlerfigur zwischen Kreon und Antigone wie z. B. den blinden Seher Teiresias.[1]

Die Schülerinnen und Schüler sollen sich zunächst über eine vorstellungsbildende Methode mit der Figur Kreon vertraut machen. Danach soll der Dialog zwischen Kreon und Antigone analysiert werden (s. **Arbeitsblatt 14, S. 75**).
Die Schülerinnen und Schüler erhalten folgende Aufgaben für die Gruppenarbeit:

- *Untersuchen Sie die Präsentation der Figuren durch den Sprecher (Textausgabe S. 81f.), insbesondere die Vorstellung Kreons.*
- *Entwerfen Sie eine Skizze der Figur. Wie stellen Sie sich Kreon vor? Vergleichen Sie das Bild des modernen Kreon mit Ihrer Vorstellung der antiken Kreon-Figur. Stellen Sie Differenzen heraus.*

Analyse des Dialogs (Arbeitsblatt 14):

- *Lesen Sie den Dialog (Textausgabe S. 87, Z. 16– S. 92, Z. 18). Betrachten Sie das Standbild. Interpretieren Sie die Konstellation und geben Sie die Stelle im Dialog an, auf die sich die Position beziehen könnte.*
- *Analysieren Sie Kreons Verhalten und seine Worte im Dialog mit Antigone (Textausgabe S. 87–92). Markieren Sie diejenigen Verhaltensweisen und Aussagen, die nach Ihrer Meinung mit dem antiken Kreon nicht vereinbar sind.*
- *Welche Folgerungen ziehen Sie aus Ihrem Befund bzgl. des Charakters der modernen Figur?*

Folgende Ergebnisse sind zu erwarten:

Skizze:

- Die individuell angefertigten Skizzen müssen sich auf Details der Beschreibung beziehen, die der Sprecher gibt, z. B. älterer Mann, kräftige, untersetzte Statur, müder Gesichtsausdruck, Runzeln, alltägliche (Arbeits-)Kleidung, evtl. hochgekrempelte Ärmel (zupackender Eindruck).
- Diverse Differenzen hinsichtlich der äußeren Erscheinung Kreons bei Sophokles und Anouilh.

[1] Detailliertere Interpretationen der Kreon-Figur finden sich z. B. bei Brigitta Coenen-Mennemeier, Martin Flügge, Käte Hamburger und Eberhard Hermes (s. Literaturverzeichnis).

Tafelbild oder Ergebnisfolie:

Szenenanalyse Kreon-Antigone bzgl. der Differenzen zur antiken Vorlage

Textbefunde

Kreon
- will das Geschehen verheimlichen (S. 88, Z. 1–5)
- amüsiert sich über Antigone, nimmt sie nicht ernst (S. 88, Z. 25)
- ist nachdenklich (Kreon still) (S. 88, Z. 34)
- gibt seine eigene Angst vor der Bestrafung Antigones zu (S. 88, Z. 34f.)
- schreckt vor der Konsequenz zurück (S. 88, Z. 34ff.)
- bittet Antigone um Mitleid (S. 89, Z. 9)
- erinnert sie an die Liebe zu Hämon (S. 89, Z. 9ff.)
- wirbt um Antigones Verständnis (S. 89, Z. 16ff.)
- will Antigone retten (S. 89, Z. 18)

↓

Fazit

Charakter des modernen Kreon

Kreon hat zwei Gesichter

↙ ↘

- Ehrlichkeit/Aufrichtigkeit
- Selbstkritik
- Einsicht
- Realitätssinn
- Nüchternheit
- Verantwortungsbewusstsein

- Brutalität
- Rigorismus
- Verachtung seiner Untertanen
- Verschlagenheit
- Egoismus

4.3 Antigone: „Ein bescheidenes Alltagsglück und nur nicht zu anspruchsvoll sein!"

Auch die Figur der Antigone unterscheidet sich wesentlich von ihrer antiken Vorlage. Schon ihre Physiognomie entspricht nicht der einer antiken Heldin. Antigone, so der Sprecher, „ist die kleine Magere, die da drüben sitzt und schweigt" (Textausgabe S. 81).
Zwar knüpft Anouilh an die Handlung der antiken Vorlage an – Antigone beerdigt die Leiche nach dem Ritus und rechtfertigt ihre Tat mit der Tradition („Du weißt, dass die Unbeerdigten ewig herumirren, ohne jemals Ruhe zu finden. [...] Er kehrt heute in das Haus zurück, wo mein Vater, meine Mutter und auch Eteokles ihn erwarten." [Textausgabe S. 88]) – doch ihre Rechtfertigung ist bloß absurde Floskel. Ihre Tat geschieht weder aus geschwisterlicher Liebe noch in göttlichem Auftrag, sondern nur in Ausübung der ihr vorgeschriebenen Rolle (vgl. Textausgabe S. 81).
Der Sinnverlust spiegelt sich im Handlungsverlauf wider: Kann sich Antigone noch gegenüber Ismene und Hämon auf die Notwendigkeit ihres Tuns berufen (Antigone: „Jeder tut, was er muss. Er muss uns töten lassen, und wir müssen unseren Bruder bestatten" [Textaus-

gabe S. 84]), wird ihr in der Auseinandersetzung mit Kreon diese Handlungsgewissheit immer fragwürdiger. Obwohl sie sich ebenso wie Kreon keine Illusionen über das Leben macht, lehnt sie sein resignierendes Sich-Arrangieren mit der Realität ab. Sie verachtet die Ja-Sagerei, das Kompromisse-Schließen der Erwachsenen. (Antigone: „Ihr seid mir alle widerlich mit eurem Glück und eurer Lebensauffassung“ [Textausgabe S. 92]). Unter Kreons Bedingungen ihr Leben zu führen erscheint ihr unmöglich, aber auch ihr Tod hat – anders als bei Sophokles – für sie keinen Sinn. Im Gegenteil, sie muss am Ende konzedieren, dass Kreon Recht gehabt hat und sie nicht mehr weiß, warum sie stirbt. (Antigone: „Kreon hatte recht, es ist furchtbar ... [...] Ich weiß nicht mehr, wofür ich sterbe ...“, vgl. Arbeitsblatt 16, S. 77, Z. 34f.). Ihr bleibt nur die Revolte, das Nein-Sagen, als Rechtfertigung ihrer Existenz.
In dieser Absurdität endet das Stück, eine Lösung gibt es nicht. (Antigone: „Ich will nicht verstehen! Das ist etwas für dich. Ich bin nicht da, um zu verstehen. Ich muss nein sagen und sterben.“ [Textausgabe S. 90]).
Besonders aufschlussreich für die Figurengestaltung ist die Abschiedsszene zwischen Antigone und Hämon.[1] In dieser Szene geht es um die endgültige Trennung der Liebenden. Antigone eröffnet Hämon, dass sie ihn „niemals heiraten werde – niemals“ (Textausgabe S. 85). Diesen Entschluss hat sie heimlich gefasst. Sie will sich dafür nicht rechtfertigen und hat daher Hämon schwören lassen hinauszugehen, ohne zu fragen.
Abgesehen von der Emotionalisierung des Stoffes durch die ans Triviale grenzende Szene bietet die Dramatisierung der Begegnung zwischen Antigone und Hämon eine besonders eindrucksvolle Gestaltung des existenzialistischen Lebensgefühls: Beide Figuren stehen an der Schwelle zum Erwachsenensein, beide sind noch nicht offiziell gebunden, d. h., sie haben ihre gesellschaftliche Position noch nicht eingenommen. Sie leben in dem Idealzustand der Reinheit (pureté), gespiegelt in einer Kindheit ohne Ende, auch in dem Motiv ihres noch ungeborenen Kindes. Sie finden ihre Identität in der Revolte, der freien Entscheidung für ihre Rolle, auch wenn es für beide Trennung und Tod bedeutet.
In ihren letzten Stunden, kurz vor der Vollstreckung des Todesurteils, diktiert Antigone dem Wächter einen Abschiedsbrief an Hämon, in dem sie versucht, ihre Entscheidung zu erklären.

Die Schülerinnen und Schüler erhalten nach der Lektüre der Szene den Auftrag, diesen Brief zu antizipieren. Anschließend sollen sie die Originalszene lesen und deren tragikomische Wirkung erarbeiten (s. **Arbeitsblätter 15 und 16, S. 76f.**)

Die Arbeitsaufträge lauten:

- *Lesen Sie den Szenenausschnitt (Textausgabe S. 84–86). Die Szene endet mit folgender Regieanweisung: „Sie blickt geraume Zeit bewegungslos zum Fenster hinaus, den Rücken zum Zimmer. Dann schließt sie es, setzt sich auf einen Stuhl und sagt, seltsam beruhigt* So, Hämon hat es hinter sich.*“ (S. 85)*
  Interpretieren Sie die Regieanweisung und überlegen Sie, wie man Antigones Äußerung verstehen kann.

- *Kurz vor ihrem Tod verfasst Antigone einen Abschiedsbrief an Hämon. Entwerfen Sie diesen Brief.*
  Vergleichen Sie Ihre Fassung des Briefes mit der Originalfassung (s. Arbeitsblatt 16). Wie wirkt die Szene auf Sie?

- *In Sophokles' Drama fehlt eine Begegnung zwischen Haimon und Antigone. Bei Anouilh gibt es eine solche Szene. Welche Gründe könnte Anouilh für seine Entscheidung gehabt haben? Stellen Sie Vermutungen an.*

[1] Eine vertiefte Auseinandersetzung mit dem Personenpaar Antigone und Hämon findet sich bei Käte Hamburger: a.a.O., S. 203–205.

Ergebnisse in Stichworten

1. Aufgabe

Interpretation der Regieanweisung

- Erstarren und Blick aus dem Fenster (Freiheit, Leben, Glück etc.)
- Schließen des Fensters (Abschied vom Leben; Hinweis auf Todesart: wird in Felsengrab eingeschlossen)
- Distanz zum Geschehen: „Hämon hat es hinter sich“(emotionslos berichtend)
- Akzeptanz ihrer Rolle: Sie wird sterben (Konnotation der Begriffe „erstarrt“und „beruhigt“)

2. Aufgabe

Die Lösung der kreativen Aufgabe lässt unterschiedliche Varianten zu. Inhaltlich sind aber Übereinstimmungen mit dem Original zu erwarten.
Im Vergleich mit der Szene zwischen Antigone und Wächter wird die tragikomische Wirkung auffallen: die Stumpfheit des Wächters, seine Gleichgültigkeit und Dummheit stehen der dramatischen Situation Antigones gegenüber.

4.4 Kreon versus Antigone: „Nein sagen ist oft leicht“ – „Nicht immer!“

Die Schülerinnen und Schüler sollen im folgenden Arbeitsschritt den zentralen Dialog zwischen Kreon und Antigone untersuchen. In dem Gespräch zwischen Antigone und Kreon entwickeln sich zwei gegensätzliche Konzepte von Leben und Glücklichsein: das realistische Kreons, der die Ärmel aufkrempelt und zupackt, wenn es erforderlich ist, und das absolute Antigones, die keinen Kompromiss machen will. Die Frage nach dem Glücklichsein ist die alles entscheidende. Von ihrer Lösung hängt letztlich Antigones Leben ab (vgl. Textausgabe S. 91). Kreon kann Antigones Frage nicht befriedigend beantworten, seine Vorstellungen erfüllen ihren absoluten Anspruch nicht. Für sein Lebenskonzept des „bescheidenen Alltagsglücks“ hat sie nur Verachtung. Kreons Lebensglück ist das der Kompromisse, der kleinen Freuden: „Vielleicht ist das ganze Leben nur ein bisschen Glück“. (S. 91) Das genügt ihm als Lebensziel. Aber nicht Antigone. Sie verachtet die faulen Kompromisse, will dem Leben kein „kleines Fetzchen Glück […] entreißen“, sondern will „alles, sofort und vollkommen“ (Textausgabe S. 92).
Die Schülerinnen und Schüler sollen sich mit den Lebensmaximen der beiden Protagonisten beschäftigen und ihre Ergebnisse in eine symbolische Inszenierung einbringen, indem sie für jede Person einen Traum erfinden. Darin sollen sich die Vorstellungen von einem glücklichen Leben ausdrücken. Als Stimulus können Landschaften oder auch soziale Interaktionen imaginiert werden.[1]

[1] Methode in: Marcel Kunz: a.a.O., S. 77

Die Schülerinnen und Schüler erhalten folgende Aufgaben:

- *Kreon will in seinem Gespräch Antigone von seiner Lebensauffassung überzeugen und ihr zeigen, wie sinnlos ihr Sterben ist. Analysieren Sie den Textauszug (Textausgabe S. 88–92) und arbeiten Sie die unterschiedlichen Vorstellungen beider Protagonisten von einem glücklichen Leben heraus.*
- *Erfinden Sie für jede der beiden Figuren einen Traum, in dem ihre Vorstellungen vom Glück eine Rolle spielen. (Die Träume können in besonderen Landschaften spielen oder bestimmte Personen in sozialen Interaktionen zeigen.)*

Die Ergebnisse der 1. Aufgabe können in einem Tafelbild gesichert werden:

glückliches Leben für Kreon	**glückliches Leben für Antigone**
• Ja sagen zum Leben	• keine Niedrigkeiten begehen müssen
• Leben meistern wie ein Schiff in Not	• niemals jemanden belügen
• nicht lange überlegen, sondern handeln	• sich nicht verkaufen müssen
• zufrieden sein mit ein bisschen Glück	• nicht bescheiden sein
	• geborgen sein wie in der Kindheit
↓	↓
bescheidenes Alltagsglück	Absolutheitsanspruch

4.5 Das Ende des Dramas

Zum Abschluss der Beschäftigung mit Anouilhs Werk sollen die Schülerinnen und Schüler das Ende des Stückes erarbeiten und zur Position des Sprechers über die Wirksamkeit dramatischer Werke Stellung beziehen.

In ihrer Untersuchung französischer Dramen des 20. Jahrhunderts interpretiert die Autorin Brigitta Coenen-Mennemeier das Ende des Werkes:

„Der Chor [Sprecher; Erg. M.B.] resümiert die Wirkung der voraufgehenden Revolte innerhalb der geschlossenen Welt der Tragödie. Er zeigt zunächst, dass der Tod immer am Ende steht, mögen die Motive auch noch so verschiedenartig sein. Anschließend meditiert er über das zukünftige Los der Toten in der Gesellschaft:
Et ceux qui vivent encore vont commencer tout doucement à les oublier et à confondre leurs noms (123).[1]
Damit wird die idealisierende Vermutung, das Sterben der Antigone könne vielleicht eine bedeutsame Spur hinterlassen und den Keim zu einer neuen Welt in sich tragen, unmissverständlich zurückgewiesen. Der Chor unterstreicht den definitiven Charakter des Endes und projiziert das Bewusstsein der Vergeblichkeit dieses Sterbens auch noch in die Zukunft hinein […].

In ironisierender Vertiefung dieser Tendenz zeigt Anouilh am Schluss noch einmal die wahren Überlebenden jeder Katastrophe vor:

---

1 Und die, die noch leben, beginnen ganz langsam, sie zu vergessen und ihre Namen zu verwechseln (Textausgabe Langen Müller S. 64).

Il ne reste plus que les gardes. Eux, tout ca, cela leur est égal; c'est pas leurs oignons. Ils continuent à jouer aux cartes … (124)[1]
Gerade diese makabre Diskrepanz zwischen der zum Tode verurteilten *pureté* und dem primitiven *bonheur* der Überlebenden erfüllt die Revolte der einsamen Antigone in den Augen der Leser und Zuschauer jedoch mit stellvertretendem Sinn. Jeder verantwortungsbewusste Einzelne zieht es vor, sich weitgehend mit der revoltierenden Antigone zu identifizieren und der Welt zwar nicht mit einem totalen Nein, wohl aber in der Hellsichtigkeit kritischer Distanz zu begegnen. Die Wirkung dieser Figur geht also über ihre drameninterne Funktion hinaus. Die Revolte der Antigone mag der sie umgebenden fiktiven Gesellschaft absurd erscheinen: Für den Einzelnen innerhalb der realen modernen Gesellschaft ist sie eines der gültigsten Zeugnisse seiner Welterfahrung und seines Selbstverständnisses.“[2]
Die Schülerinnen und Schüler erhalten für die Bearbeitung des Schlusses folgende Aufgaben:

- *Analysieren Sie die Schlussszene (Textausgabe S. 92, Z. 21–S. 93, Z. 29) und interpretieren Sie die Rede des Sprechers über die Wirksamkeit des Schauspiels.*
- *Vergleichen Sie Kreons Abgang mit dem in der Schlussszene aus Sophokles' „Antigone“ (Textausgabe S. 54) und erstellen Sie zwei Standbilder, die dem jeweiligen Ende entsprechen.*
- *Der Sprecher bekräftigt in seinem abschließenden Statement die Wirkungslosigkeit des dramatischen Geschehens. Nehmen Sie Stellung zu dieser Aussage. Welche Wirkung hat der Schluss des Dramas auf Sie als Zuschauerin und Zuschauer?*

Die Ergebnisse der ersten Aufgabe lassen sich stichwortartig in folgendem Tafelbild sichern:

Personenkonstellation	**Aussagen bzgl. der Wirkung des Stückes**
Sprecher, Page und Kreon • Kreons Haltung resümiert das Geschehen und bestätigt seine Position: Jemand muss die „schmutzige Arbeit“ tun (vgl. S. 92, Z. 27ff.). • Man kann der Paradoxie nicht entgehen: „Man sollte immer ein Kind bleiben können“ (S. 92, Z. 36f.), aber jeder wird einmal erwachsen.	• Es gibt keinen Erkenntniszuwachs im Sinne einer Belehrung des Zuschauers (im Gegensatz zu Sophokles' Drama). • Die Geschehnisse haben keine Bedeutung: Die Toten setzen kein Zeichen, sie werden vergessen. • Die jetzt noch Lebenden werden auch über kurz oder lang sterben. • Ironie des Ausgangs: Die Stumpfheit der Wächter sichert ihr Überleben: Sie „haben es gut überstanden“ (S. 93, Z. 26).

Erwartungen bzgl. der produktiven Aufgabe:

Die beiden Standbilder müssten diverse Differenzen aufweisen (s. o.): Das betrifft sowohl die Konfiguration (Kreon und Chor bzw. Sprecher) als auch die Haltung (Gestik und Mimik).

[1] Nur die Wächter haben es gut überstanden. Ihnen ist alles gleich, denn es geht sie nichts an. Sie spielen lieber Karten (Textausgabe Langen Müller S. 64)

[2] Brigitta Coenen-Mennemeier: Aus: Einsamkeit und Revolte. Dortmund 1966 (Lensing)

4.6 Entwurf eines Bühnenbildes

Die Schülerinnen und Schüler erhalten die Gelegenheit, sich mit der „Antigone" Anouilhs kreativ auseinanderzusetzen. Dazu werden folgende Aufgaben gestellt.

- *Entwerfen Sie ein Bühnenbild im Miniaturformat (kleiner Karton). Sie können unter den folgenden Szenen auswählen:*
  - *Antigones erster oder zweiter Beerdigungsversuch*
  - *Antigone und Kreon in Kreons Arbeitszimmer (Textausgabe S. 87–92)*
  - *Sterbeszene im Verlies*
- *Achten Sie bei der Gestaltung des Bühnenbildes auf:*
  - *Farbgebung*
  - *Licht/Dunkelheit*
  - *Requisiten*
  - *Gestaltung und Kostümierung der Personen (Sie können verschiedene Materialien verwenden)*
- *Erläutern Sie in einem kurzen schriftlichen Kommentar Ihre Bühne.*

Folgende Kommentare von Schülern können als Lösungsbeispiele dienen:

Antigones Beerdigungsversuch
Für die Innenausstattung haben wir uns auf Ölwachsfarben beschränkt und die Innenwände damit gestaltet. Zu sehen ist eine warme Farbauswahl, die die melancholische Atmosphäre unterstreicht. Wir haben uns vorgestellt, dass Antigone aus ihrer Sicht alles so empfunden hat. Für sie hat die Entscheidung, ihre Tat durchzuführen, viel mehr mit Herz zu tun als mit Verstand, deshalb die kontrastreichen, aber miteinander harmonisierenden Farben. Antigone ist bei ihrem ersten Versuch, den Bruder zu beerdigen, zu sehen. Sie kniet neben ihm und schaut ihn kurz an. Genau dieser Moment soll festgehalten werden. Die leuchtenden Farben stehen für ihren Mut, ihre Entschlussbereitschaft und ihre Willenskraft. Die Pastellfarben stehen für ihre Zartheit und ihr Mitgefühl für den toten Bruder. Sie ist nicht sehr mädchenhaft, deshalb ist sie mit einem einfachen Kittel bekleidet.
Der Boden ist mit Sand bestreut, den Antigone braucht, um ihre Leiche zu bedecken. In der Ecke sieht man die Wächter, einer sitzend, ein anderer stehend. Sie schauen auf und sind kurz davor einzugreifen.

Die Sterbeszene
Unsere Minibühne stellt die Situation dar, als Antigone in das Felsengrab eingemauert ist und sich dort erhängt hat.
Die Höhle ist schwarz. In der Mitte und an den Seiten liegen Steine. Antigone hängt in der Mitte der Höhle und Hämon kniet vor ihr.
Die Atmosphäre soll düster sein. In der Ecke liegt ein Gerippe, das symbolisieren soll, dass es sich um ein mehrfach benutztes Felsengrab handelt. Die Essensvorräte sollen darauf aufmerksam machen, dass Antigone schon bei der Einmauerung mit ihrem Leben abgeschlossen hat. Sie versucht damit Kreon zuvorzukommen.
Antigone hat sich mit ihrem bunten Gürtel erhängt. Sie trägt zum Zeitpunkt ihres Todes ein weißes Kleid zum Zeichen ihrer Umschuld und Jungfräulichkeit.
Hämon kniet vor ihr. Sein Kopf liegt in ihrem Schoß, als betete er sie an.

Der zweite Beerdigungsversuch Antigones
Antigone versucht zum zweiten Mal, den Bruder zu beerdigen. Diesmal wird sie erwischt, aber anstatt wegzulaufen, bleibt sie und lässt sich gefangen nehmen. Die Wächter packen sie und legen ihr Handschellen an.

Requisiten: Über der Szene fliegen Vögel. Sie stellen Antigones Trauer dar, aber auch die Freiheit der Tat Antigones.
Sand und Asche sind Symbole der Beerdigung.
Die Sonne beweist Antigones Mut. Trotz der Helligkeit des Tageslichts will sie den Bruder beerdigen.
Bäume: Die Bäume symbolisieren, dass Antigone eine Fluchtmöglichkeit hat, sie könnte sich in dem Wald verstecken, doch sie will diesmal ihre Tat vollenden.
Waffe: Der eine Wärter trägt eine Waffe. Trotzdem macht Antigone weiter, sie zeigt keine Angst.
Stadtmauer: Die Stadtmauer weist auf die Nähe von Kreons Palast hin. Außerdem bezieht sie sich auf das Ende, das Felsengrab, in das Antigone eingemauert wird.

Notizen

Vergleich Sophokles und Anouilh

Die folgende Tabelle gibt Ihnen einen Überblick über Inhalt und Aufbau des gesamten Stücks:

Überblick über die Handlung des Anouilh-Stückes[1]

1. Prolog des Sprechers (S. 7–9)

2. Handlungsteil: Antigone – Person und Werdegang (S. 10–30)
   - Antigones Rückkehr vom ersten Beerdigungsversuch
   - Auseinandersetzung Ismene – Antigone über Kreons Verbot
   - Trennung Antigones von Hämon
   - Meldung des Bestattungsversuchs durch die Wächter

3. Handlungsteil: Unterredung Kreon – Antigone (S. 30–52)
   - Vorführung Antigones durch den Wächter
   - Auseinandersetzung zwischen Antigone und Kreon: Erklärung ihrer Standpunkte
   - Gefangensetzung Antigones

4. Handlungsteil: Katastrophe und Schluss (S. 53–64)
   - Begegnung zwischen Hämon und Kreon; Hämons Versuch, Kreon umzustimmen
   - Antigone und der Wächter im Verlies; Antigones Abschiedsbrief
   - Sprecher und Bote melden das Ende

Aufgaben:

- *Vergleichen Sie die Personenverzeichnisse der beiden Dramen miteinander (Textausgabe S. 9 und S. 80). Was fällt Ihnen auf?*
- *Vergleichen Sie den Handlungsverlauf in beiden Dramen, beachten Sie dabei auch Anordnung und Umfang der einzelnen Szenen. Welche Differenzen stellen Sie fest? Die notwendigen Informationen entnehmen Sie der Vorrede des Sprechers (Textausgabe S. 81ff.) und dem obigen Handlungsüberblick.*
- *Ziehen Sie Schlüsse aus Ihren Beobachtungen: Inwiefern kann man von einer Modernisierung des antiken Stoffes sprechen? Worin besteht Ihrer Meinung nach die Attraktivität der neuen Fassung?*
  Übernehmen Sie die folgende Tabelle in Ihr Heft und tragen Sie die Ergebnisse stichwortartig ein.

Unterschiede zwischen den Werken von Sophokles und Anouilh

Änderungen des Figurenspektrums	**Änderungen in der Handlungskonstruktion**	**Änderungen von Sprechweise und Stil**
Hinzufügungen		
Aussparungen		

[1] E. Hermes: a.a.O., S. 93. Die Seitenangaben beziehen sich auf die Textausgabe Langen Müller.

Der moderne Kreon

Anouilh: Antigone. Aufführung: Klosterfestspiele 2002 Weingarten mit Jutta Klawuhn als Antigone und Reinhard Froboess als Kreon

- *Lesen Sie den Dialog (Textausgabe S. 87, Z. 16 – S. 92, Z. 18). Betrachten Sie das Standbild. Interpretieren Sie die Konstellation und geben Sie die Stelle im Dialog an, auf die sich die Position beziehen könnte.*
- *Analysieren Sie Kreons Verhalten und seine Worte in dem Dialog mit Antigone (Textausgabe S. 87–92). Markieren Sie diejenigen Verhaltensweisen und Aussagen, die nach Ihrer Meinung mit dem antiken Kreon nicht vereinbar sind.*
- *Welche Folgerungen ziehen Sie aus Ihrem Befund bzgl. des Charakters der modernen Figur?*

Antigone und Hämon

- *Lesen Sie den Szenenausschnitt Textausgabe S. 84–86. Die Szene endet mit folgender Regieanweisung: „Sie blickt geraume Zeit bewegungslos zum Fenster hinaus, den Rücken zum Zimmer. Dann schließt sie es, setzt sich auf einen Stuhl und sagt, seltsam beruhigt* So, Hämon hat es hinter sich.*" (Textausgabe S. 85) Interpretieren Sie die Regieanweisung und überlegen Sie, wie man Antigones Äußerung verstehen kann.*
- *Kurz vor ihrem Tod verfasst Antigone einen Abschiedsbrief an Hämon. Entwerfen Sie diesen Brief.*

Antigones Abschiedsbrief

WÄCHTER: Benötigen Sie etwas? Soll ich rufen?
ANTIGONE: Nein. Ich möchte nur, dass du jemand einen Brief übergibst, wenn ich tot bin.
WÄCHTER: Wie – einen Brief?
ANTIGONE: Einen Brief, den ich jetzt schreiben werde.
WÄCHTER: Kommt nicht in Frage. Machen Sie keine Geschichten. Einen Brief! Was stellen Sie sich denn vor! Und ich lasse mir dann den Kopf dafür abschneiden?
ANTIGONE: Du bekommst den Ring, wenn du es tust.
WÄCHTER: (*nimmt den Ring*) Gold?
Antigone: Ja, Gold.
WÄCHTER: Aber wenn man mich dabei erwischt? Dann komme ich vors Kriegsgericht. Aber das ist Ihnen wohl gleichgültig. (*Er betrachtet nochmals den Ring.*) Ich kann höchstens in mein Notizbuch schreiben, was Sie bestellen wollen. Die Seite reiß ich dann heraus. Mit meiner eigenen Schrift ist es etwas anderes.
ANTIGONE: (*murmelt mit geschlossenen Augen:*) Deine Schrift (*schaudert etwas*) ... das ist zu hässlich – nein, das alles ist so hässlich.
WÄCHTER (*verärgert, tut als ob er ihr den Ring zurückgeben wollte:*) Gut, wenn Sie nicht wollen, bitte ...
ANTIGONE (*schnell:*) Nein, nein, behalte nur den Ring – schreib. Aber schnell. Ich fürchte, wir werden keine Zeit mehr haben. Schreib: Mein Liebster ...
WÄCHTER (*hält das Notizbuch und spitzt die Lippen:*) Ist das für Ihren Freund?
ANTIGONE: Mein Liebster, vielleicht liebst du mich nicht mehr, weil ich sterben wollte.
WÄCHTER (*wiederholt langsam beim Schreiben:*) Mein Liebster, vielleicht liebst du mich nicht mehr, weil ich sterben wollte.
ANTIGONE: Kreon hatte recht – es ist furchtbar. Ich weiß nicht mehr, wofür ich sterbe. Ich habe Angst.
WÄCHTER (der *kaum mitkommt:*) Kreon hatte Recht, es ist furchtbar ...
ANTIGONE: Oh, Hämon, unser Kind! Jetzt begreife ich erst, wie einfach das Leben war ...
Wächter (*setzt ab:*) Hören Sie, Sie diktieren zu schnell. Wie soll ich denn da mitschreiben? Es braucht alles seine Zeit.
ANTIGONE: Wo bist du stehengeblieben?
WÄCHTER (*liest nach:*) Ich weiß nicht mehr ...
ANTIGONE: Ich weiß nicht mehr, wofür ich sterbe ...
WÄCHTER (*schreibt:*) nicht mehr, wofür ich sterbe. Niemand weiß, wofür er stirbt.
ANTIGONE (*fährt fort:*) Ich habe Angst. (*Sie hält ein – richtet sich auf*) Nein, streich das aus. Das braucht niemand zu wissen. Das wäre, als sähe man mich nackt, wenn ich tot bin. Streiche das aus und schreibe dafür: Verzeih!
WÄCHTER: Dann streiche ich also das Letzte hier durch und schreibe dafür „Verzeih!" hin?
ANTIGONE: Ja – verzeih, Liebster. Ohne die kleine Antigone wärt ihr alle glücklicher gewesen. Ich liebe dich ...
WÄCHTER (*schreibt:*) Ohne die kleine Antigone wärt ihr alle glücklicher gewesen. Ich liebe dich ... Ist das alles?
ANTIGONE: Ja, das ist alles.
WÄCHTER: Das ist aber ein komischer Brief.
ANTIGONE: Ja, sehr komisch.
WÄCHTER: Und an wen ist er gerichtet?
(*In diesem Augenblick geht die Tür auf. Die anderen Wächter treten ein. Antigone erhebt sich und blickt sie an. Der erste Wächter steht hinter ihr, steckt mit wichtiger Amtsmiene Ring und Notizbuch weg. Als er dem Blick Antigones begegnet, brüllt er:*) Vorwärts! Keine Geschichten!
ANTIGONE (*lächelt arm. Sie senkt den Kopf. Schweigend gehen sie ab. Man hört aus der Ferne Trommelwirbel. Lange Pause.*)

- *Vergleichen Sie Ihre Fassung des Briefes mit der Originalfassung. Wie wirkt die Szene auf Sie?*
- *In Sophokles' Drama fehlt eine Begegnung zwischen Haimon und Antigone. Bei Anouilh gibt es eine solche Szene. Welche Gründe könnte Anouilh für seine Entscheidung gehabt haben? Stellen Sie Vermutungen an.*

Baustein 5

Brecht: „Vorspiel" und Gedicht (Chur 1948)

5.1 Brecht: „Antigone"

Während Anouilhs Fassung der „Antigone" zeitgeschichtliche Kontexte in existenzialistischer Sicht abstrahiert, sind die Bearbeitungen der antiken Tragödie von Brecht, Hochhuth und Langgässer von eindeutiger politischer Bezugnahme. In allen drei Werken steht die Handlung im konkreten politisch-historischen Kontext des Nationalsozialismus und des Zweiten Weltkriegs. Personen, Handlungsorte und -zeit orientieren sich an realen Gegebenheiten.

Brecht stellt seiner Bearbeitung der „Antigone" Hölderlins eine Szene voran, die 1945 während der Luftangriffe auf Berlin spielt.[1] Auch in den beiden Prosatexten von Hochhuth und Langgässer läuft das Geschehen in den letzten Kriegstagen des Zweiten Weltkriegs ab. In Hochhuths und Langgässers Erzählungen steht das Bestattungsmotiv im Vordergrund. Hochhuth greift direkt auf dokumentierte Materialien zurück (vgl. die Widmung „An Marianne"und das Epitaph, Textausgabe S. 112, S. 125) und entwickelt die Novelle in Analogie zu den Dokumenten. Anne, Alter Ego Antigones, muss sich wegen der heimlichen Bestattung ihres von den Nationalsozialisten ermordeten Bruders vor einem Gericht verantworten. Sie wird zum Tode verurteilt und hingerichtet.

In Langgässers Kurzgeschichte geht es um die Ermordung und den Verbleib der Leiche eines im KZ ermordeten Mannes. Carola, die Schwester des Opfers, will das Andenken ihres Bruders bewahren, und da sie nicht weiß, wo sein Grab ist, pflegt sie das Grab eines unbekannten Soldaten stellvertretend für das ihres toten Bruders.

Bevor die Schülerinnen und Schüler mit den einzelnen Texten dieses und des folgenden Bausteins arbeiten, sollen sie als Hausaufgabe die Auszüge aus dem Theaterstück Brechts und die beiden Novellen von Hochhuth und Langgässer lesen (s. Textausgabe S. 94–102; S. 111–131).
Zur Ergebnissicherung der Hausaufgabe erhalten die Schülerinnen und Schüler den Auftrag, das spezifische Thema eines jeden Stücks zu ermitteln.

- *Sie haben drei unterschiedliche Fassungen des Antigone-Stoffs kennengelernt. Ermitteln Sie, welche Aspekte der antiken Tragödie in den jeweiligen Texten thematisiert werden.*

[1] Wer sich genauer über Brechts Bearbeitung von Hölderlins „Antigone" informieren möchte, sei auf die knappe Interpretation von Käte Hamburger in ihrem Werk: Von Sophokles zu Sartre. Griechische Dramenfiguren antik und modern. Stuttgart 1962 (Kohlhammer), S. 108ff., verwiesen. Eine ausführlichere Untersuchung von Brechts „Die Antigone des Sophokles" (1948) findet sich bei Eberhard Hermes: Interpretationshilfen. Der Antigone-Stoff. Sophokles, Anouilh, Brecht, Hochhuth. Stuttgart 1992 (Klett), S. 113ff.

Die Ergebnisse können im folgenden Tafelbild zusammengefasst werden:

Autor	zentrales Thema
Brecht, Vorspiel	• Schwesternkonflikt zwischen Antigone und Ismene • Streit um die Bergung des toten Bruders • Verhör • Risiko der Frauen durch die drohende Todesstrafe
Hochhuth	• Anklage Annes wegen der Bestattung des Bruders • Gerichtsszene • Warten auf den Tod: Annes Zweifel und Todesangst vor der Hinrichtung
Langgässer	• Verpflichtung Carolas, einen Ort für das Gedenken an den Bruder zu finden • Totenehrung des unbekannten Soldaten • Überzeugung Carolas vom Sinn ihrer Tat

Der Chronologie folgend sollen zunächst Brechts Gedicht „Antigone" und das „Vorspiel" bearbeitet werden.

Es empfiehlt sich, die Schülerinnen und Schüler ein Kurzreferat über Brechts Aufenthalt im amerikanischen Exil halten zu lassen bzw. als Lehrperson einen Kurzvortrag vorzubereiten.[1]
Als Einstieg in die Arbeit mit dem Baustein eignet sich Brechts Gedicht „Antigone"(1948) besonders gut. Brecht hat es für die Erstaufführung seiner Antigone-Bearbeitung geschrieben, als Willkommensgruß für Helene Weigel, die aus dem amerikanischen Exil zurückgekehrt war und nach Brechts Wunsch die Hauptrolle der Antigone spielen sollte.
Die Interpretation soll den biografischen Hintergrund und die Bezüge zum antiken Mythos berücksichtigen.
Die Aufgabe kann in Partnerarbeit im Unterricht oder als Hausaufgabe erledigt werden.

- *Interpretieren Sie das Gedicht „Antigone" und beziehen Sie auch zeitgeschichtliche und biografische Aspekte in Ihre Deutung mit ein (Textausgabe S. 94).[2]*
- *Begründen Sie, inwieweit man dieses Gedicht als Leitmotiv für die Texte dieses Bausteins betrachten kann.*

Interpretationshinweise:[3]

Der Titel „Antigone (Chur 1948)" verknüpft mit der Namensnennung den antiken Mythos mit Helene Weigels Rückkehr aus dem amerikanischen Exil.
Im Ton eines antiken Chorlieds (Dithyrambus = Lied zu Ehren des Gottes Dionysos) wendet sich das lyrische Ich (Brecht) an Antigone (Helene Weigel) mit der Bitte, „uns", sich und die Zuschauer, eine Zeit lang zu begleiten.

1 Carola Stern: Männer lieben anders. Helene Weigel und Bertolt Brecht. Reinbek 2001 (Rowohlt, S. 139ff.).
2 Für eine Brecht-Kurzbiografie s. z. B.: Klaus Jürgen Seidel: dtv-junior Schauspielführer. München 1996 (3.Aufl., Deutscher Taschenbuchverlag, S. 316).
3 Die folgenden Interpretationsaspekte sind Stichworte, die sich im Rahmen des Modells auf den Vergleich mit der antiken Fassung konzentrieren. Eine detaillierte Interpretation müsste den zeitlichen Kontext und das Werk Brechts stärker berücksichtigen, z. B. hinsichtlich der Leitmotive, die sich auch in diesem Gedicht finden und die in Brechts Texten eine besondere Bedeutung haben.

Das Gedicht besteht aus drei Strophen unterschiedlicher Länge (5, 4, 6 Verse). Die syntaktische Struktur weist drei Sätze auf: Einem Imperativsatz (1. Strophe) folgen zwei durch „und" miteinander verbundene Perioden (Strophe 2 und 3). Die zweite Strophe ist nochmals in zwei adversative Hauptsätze unterteilt. Der syntaktische Aufbau hat einen Spannungsbogen, der auf die letzte Zeile (Pointe) gerichtet ist: „[...] über der Untat wuchs / Ihnen kein Gras". (V. 13f.)
Einleitend fordert das lyrische Ich Antigone auf (feierliche Du-Anrede im Stile der Anrufung der Gottheit durch den Chor), aus dem „Dämmer" (der Vergangenheit, des Vergessens, des Totenreichs) zu treten (V. 1). Das Enjambement (V. 2–3) setzt den Akzent auf den dritten Vers. Das Metrum der fünf aufeinanderfolgenden Daktylen (V. 1 – 2) erzeugt einen fließenden Rhythmus, der die Bewegungen Antigones nachzeichnet.
Drei Epitheta charakterisieren Antigone: „Freundliche" (V. 3), „ganz Bestimmte[ ]" (V. 4) und „Abgewandte" (V. 6). Die Antithesen spiegeln die Ambiguität Antigones. Ihre äußere Erscheinung (Jugend, Zartheit, vgl. V. 3) steht im Gegensatz zu ihrer inneren Entschlossenheit und Festigkeit („mit dem leichten Schritt / Der ganz Bestimmten, schrecklich / Den Schrecklichen" [V. 3ff.]). (Die Konnotation von ‚ganz bestimmt' im Zusammenhang der Aussage des Verses enthält neben der Bedeutung ‚Vorher-Bestimmtsein' auch ‚Auserwähltsein' und ‚mit seinem Schicksal in Einklang stehen'.) Die Entschlossenheit ihrer Überzeugung hat Antigone für die „Schrecklichen" (die Machthaber, Diktatoren [Kreon/Hitler]) zu einer ebenbürtigen Gegnerin gemacht, die ihnen ebenso „schrecklich" entgegengetreten ist (vgl. auch V. 10f.).
In der zweiten und dritten Strophe wendet sich der Blick zurück in die Vergangenheit. Das Epitheton „Abgewandte" (V. 6) charakterisiert Antigones besondere Stellung im Zwischenreich von Tod und Leben (abgewandt von den Lebenden und/oder von den Toten). Das lyrische Ich bezeugt („ich weiß" [V. 6]) den mutigen Kampf Antigones gegen die Mächtigen, erinnert an ihre Zerrissenheit (adversatives „aber" [V. 7]) zwischen Todesfurcht und Furcht vor „[U]nwürdig[em] Leben" (V. 9). Antigone habe ihre Würde, den Einklang mit ihrer inneren Überzeugung höher gewertet als die Todesbedrohung. Die Scharnierstellung der kürzeren vierzeiligen Strophe zwischen erster und dritter spiegelt den Konflikt auch auf struktureller Ebene.
In der dritten Strophe wird das Thema der ersten Strophe wieder aufgenommen. Der Widerstand gegen die „Schrecklichen" wird spezifiziert: Widerstand leisten bedeutet, den „Mächtigen / Nichts durch[lassen]" (V. 9f.), sich mit den „Verwirrern nicht aus[gleichen]" (V. 12) und niemals „Schimpf" vergessen (V. 13). Die parallele Aneinanderreihung der drei Negationen (V. 9ff.) zeigt eine deutliche Steigerung (Klimax) auf die Schlusspointe: „[...] und über der Untat wuchs / Ihnen kein Gras." (V. 13f.) Sie nennt die Konsequenz der heroischen Haltung Antigones: Ihr Beispiel wird für alle Zukunft die Erinnerung an die Untaten der „Mächtigen" wachhalten. Mit der Metapher ‚kein Gras über eine Sache wachsen lassen' knüpft der Schluss wieder an den Beginn des Gedichts an. Antigone soll auch weiterhin die „Nachgeborenen" im Kampf gegen das Vergessen begleiten. Denn mit jeder Aufführung ihrer Geschichte (das Gedicht ist als Prolog für das folgende Theaterstück entstanden) wird die Wahrheit verbreitet, indem die Erinnerung an die Untaten der Mächtigen wachgehalten wird.

In diesem Gedicht gibt es direkte und indirekte Anspielungen auf Helene Weigel:

- Rückkehr aus dem Exil, (das ‚Aus-dem-Dämmer-Treten')
- Widerstand Weigels gegen die NS-Diktatur, die innere Stärke des Widerstands
- ihre Botschaft, das Geschehene nicht dem Vergessen zu überlassen
- Tradierung der Geschichte Antigones durch die Übernahme der Rolle im Drama

Das Gedicht kann als Leittext für die drei Werke betrachtet werden, denn in allen Texten geht es um Frauen, die in „finsteren Zeiten" (vgl. Brechts Gedicht „An die Nachgeborenen") Widerstand leisten. Alle drei Frauen werden durch den Tod ihrer Brüder in den Konflikt mit der herrschenden Macht getrieben. Sie müssen sich entscheiden, ob sie mutig genug sind,

offenen Widerstand zu leisten. Zwei von ihnen verhalten sich mutig (Hochhuths und Langgässers Protagonistinnen), zwei versagen unter dem Druck der Verhältnisse (Brecht).
Der Ausgang der drei „Geschichten“ ist jeweils unterschiedlich, auch im Vergleich zum antiken Drama: Ein offenes, eher negatives Ende findet sich in Brechts „Vorspiel“, ein versöhnlicher, aber auch offener Schluss in Langgässers Kurzgeschichte und ein tragisches Ende in Hochhuths Novelle.

5.2 Brecht und der Widerstand: Das Vorspiel (Chur 1948)

Eine direkte Aktualisierung des historischen Stoffes bietet das „Vorspiel“, das Brecht seiner „Antigone“-Bearbeitung voranstellt (Textausgabe S. 98–102).
Die kurze Szene in gereimten Knittelversen spielt während der Luftangriffe auf Berlin. Zwei Schwestern, anonym die Erste und die Zweite genannt, kehren aus dem Luftschutzkeller zurück und finden Spuren, die auf die Anwesenheit ihres Bruders hinweisen. Zunächst glauben sie, er sei für einen Urlaub von der Front zurückgekehrt, dann aber finden sie seinen Soldatenrock und ahnen, dass der Bruder desertiert ist und in Lebensgefahr schwebt. Kurz darauf hören sie die Rufe ihres Bruders, der von SS-Leuten verfolgt wird. Die Zweite will ihm zu Hilfe eilen, doch die Erste hält sie zurück. Der Bruder wird gefasst und gehenkt. Die Schwestern entdecken seine Leiche vor ihrem Haus und wieder will die Zweite handeln und die Leiche des Bruders bergen. Doch die Erste hindert sie daran aus Angst vor Entdeckung und Bestrafung. Als ein SS-Mann in das Haus eindringt und die Frauen festnehmen will, behaupten beide, den Bruder nicht zu kennen.
Figurenkonstellation und Konflikt des „Vorspiels“ zeigen einige Parallelen zu Sophokles’ Drama. Hier wie dort sind die beiden Schwestern gegensätzliche Charaktere, die unterschiedliche Haltungen in der Konfliktsituation einnehmen. Anders aber als bei Sophokles leistet Brechts Zweite, alias Antigone, keinen Widerstand, sondern folgt der Ersten, alias Ismene, die ihr befiehlt, stillzuhalten und den Bruder zu verleugnen. Bei Brecht kommt es zu keiner Lösung des Konflikts im Sinne des Bruchs der Tyrannei. Beide Schwestern weichen der Macht und ziehen sich ins Private zurück.
Die Analogie der Personenkonstellation und der Figurengestaltung mit Antigone und Ismene lässt einen Vergleich des „Vorspiels“mit dem Prolog aus Sophokles’ Tragödie (Textausgabe S. 10ff., V. 1–99) zu. Die beiden Texte sollen im Hinblick auf inhaltliche Übereinstimmungen, insbesondere aber auf Differenzen untersucht werden (s. **Arbeitsblatt 17, S. 86**).

Die Schülerinnen und Schüler erhalten folgende Aufgabe:

- *Vergleichen Sie das Vorspiel (Textausgabe S. 98ff.) mit der ersten Begegnung zwischen Antigone und Ismene in Sophokles’ Tragödie (V. 1–99). Tragen Sie Gemeinsamkeiten und Unterschiede in folgende Tabelle ein und ziehen Sie Schlussfolgerungen aus Ihren Ergebnissen.*

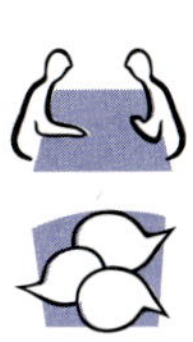

Die Ergebnisse lassen sich mit folgender Folie sichern:

Vergleichskriterium	Sophokles	Brecht
Handlungsort	Theben, vor dem Palast	Berlin, Wohnung der beiden Schwestern
Zeit	tagsüber	morgens, nach einem Luftangriff
Personen	Antigone und Ismene	zwei Schwestern: die Erste (= Ismene), die Zweite (= Antigone); ein SS-Mann
Inhaltliche Aspekte in Stichworten	Auseinandersetzung über die Frage, ob der Bruder bestattet werden soll	• Der desertierte Bruder hat vergeblich versucht zu entkommen. • Er wird vor der Tür gefasst und gehenkt. • Die Schwestern haben das Geschehen hinter der Tür verfolgt, sind aber nicht zu Hilfe gekommen. • Nach Entdeckung der Leiche streiten sie darüber, ob sie sie vom Galgen abschneiden sollen. • Die Erste setzt sich durch.
Verhalten der Figuren	Antigone: entschlossen, den Ungehorsam zu riskieren, hat für die zögernde Ismene nur Verachtung. Beschuldigung der Schwester, Verrat an den Gesetzen der Götter und an der Familie begangen zu haben.	• Die Zweite, die die entscheidenden Fragen stellt, zeigt Züge Antigones. Sie ist die Sensible und Empathische: Sie teilt mit der Schwester Brot und Speck, sie vermutet als Erste, dass es die Schreie des Bruders sind, die sie von draußen hören. Sie will ihm zu Hilfe kommen und ihn nach der Entdeckung vom Galgen abschneiden. • Die Erste ist feige und verhält sich opportunistisch. • Sie hält die Schwester zurück und verleugnet den Bruder. • Die Zweite fügt sich. • Es gibt keinen Widerstand wie im antiken Vorbild.

↓

Fazit:

↓

Übereinstimmung:

Konstellation
Figurengestaltung

Differenz:

zeitlicher Hintergrund
keine Widerstandshandlung
Dominanz der Ersten (Ismene)
Schwäche der Zweiten (Antigone)

Die Differenzen lenken den Blick auf das zweifache Versagen der Zweiten (Antigone) in Brechts „Vorspiel" und werfen die Frage nach der Intention des Textes auf: Wie ist das Verhalten der beiden Schwestern zu bewerten? Ist in Zeiten der Diktatur und des Terrors Widerstand nach dem antiken Muster in der persönlichen Auseinandersetzung zwischen Tyrann und Unterdrückten überhaupt noch möglich?
Brecht steht dieser Frage mit Skepsis gegenüber. Er formuliert im „Vorwort" zu seiner Antigone-Bearbeitung: „[...] die große Figur des Widerstands [Antigone, M. B.] im antiken Drama repräsentiert nicht die Kämpfer des deutschen Widerstands, die uns am bedeutendsten erscheinen müssen. Ihr Gedicht konnte hier nicht geschrieben werden, und dies ist umso bedauerlicher, als heute so wenig geschieht, sie in Erinnerung, und so viel, sie in Vergessenheit zu bringen."[1] Käte Hamburger führt diesen Gedanken Brechts weiter aus: „Die historische Ferne ist aber vielleicht nicht das Wesentliche, sondern die Form des Widerstands an sich, die Antigone repräsentiert. Eine persönliche Auseinandersetzung mit dem Tyrannen wie die ihre – so können wir diese Gedanken Brechts wohl weiter auslegen –, dies relativ einfache Handeln gegen sein Verbot war in der totalitären Diktatur keine Möglichkeit einer Widerstandshaltung mehr, wo Widerstand im Versuch, und im unterirdisch arbeitenden, ihrer Beseitigung bestand."[2]
Die Frage nach dem richtigen Verhalten in Zeiten der Diktatur hat Brecht in verschiedenen Zusammenhängen beantwortet. Ein bekanntes Beispiel ist die Parabel von Herrn Keuner „Maßnahmen gegen die Gewalt". In ihr entwickelt Brecht ein Konzept von Widerstand, das auf das Überleben während der Gewaltherrschaft gerichtet ist. Im Kampf gegen die Diktatur kommt es nicht auf das Heldentum individuellen Widerstands an, sondern auf die Fähigkeit, die Gewalt zu überlisten. Herr Keuner: „Ich habe kein Rückgrat zum Zerschlagen. Gerade ich muss länger leben als die Gewalt". Zentrales Motiv der Parabel ist das der Selbstbehauptung durch Treue zu sich selbst. Herr Egge kann dem Agenten dienen, ohne sich untreu zu werden und seine Selbstachtung zu verlieren. Er beugt sich nur äußerlich der Gewalt, innerlich aber leistet er Widerstand, indem er sieben Jahre lang schweigt.

Die Schülerinnen und Schüler sollen sich mit der Parabel, insbesondere mit der Frage der richtigen Form des Widerstands, auseinandersetzen und Bezüge zu den erarbeiteten Texten herstellen (s. **Arbeitsblatt 18, S. 87**).
Sie erhalten folgende Aufgaben:

- *Interpretieren Sie die Parabel, indem Sie das zugrunde liegende Konzept des Widerstands erarbeiten. Beachten Sie in diesem Zusammenhang die Spannung zwischen Rahmen- und Binnenerzählung.*
- *Vergleichen Sie das Verhalten Herrn Keuners bzw. Herrn Egges mit dem der beiden Schwestern aus dem „Vorspiel".*

5.3 Dramentheorie: Anouilhs Reflexion über die Tragödie und Brechts Theorie des epischen Theaters

Im folgenden Teil des Bausteins sollen sich die Schülerinnen und Schüler mit den Theatertheorien Brechts und Anouilhs beschäftigen und der Frage nachgehen, ob und in welcher Form das Theater in heutiger Zeit tragische Stoffe darstellen kann. Beide Autoren äußern zu

[1] Bertolt Brecht. Die Antigone des Sophokles. Materialien zur Antigone. Frankfurt 1965 (Suhrkamp), S. 68f.
[2] Käte Hamburger, a.a.O., S. 209.

dieser Frage ihre Skepsis, wenn auch aus unterschiedlichen Motiven und mit unterschiedlichen Konsequenzen (s. **Arbeitsblatt, S. 88ff.**).
Anouilh teilt nicht den Schicksalsglauben der Tragödie, er parodiert ihn. Für ihn lässt sich der tragische Stoff nur noch als „Spiel" präsentieren, bei dem sich alle, Zuschauer und Akteure, im Vorhinein über Ablauf und Ergebnis im Klaren sind.
An drei Stellen im Stück, am Anfang, unmittelbar vor der Festnahme Antigones und am Ende, tritt der „Sprecher" auf und gibt Erklärungen und Hinweise zu den dramatischen Personen und zum Handlungsablauf. Bei seinem zweiten Auftritt kurz vor der Katastrophe wendet sich der Sprecher als Alter Ego des Autors ans Publikum und erklärt ihm den Unterschied zwischen der antiken Tragödie und dem Drama. Die Tragödie bezeichnet er, unverkennbar ironisch, als „eine feste, todsichere Angelegenheit", bei der alle gleichermaßen unschuldig seien und es „lediglich eine Frage der Rollenverteilung" sei, wer jemanden umbringe bzw. wer umgebracht werde. Beim Drama dagegen gebe es Zufälle und bis zum Ende immer noch Hoffnung, „man könne sich noch aus der Affäre ziehen".
Die Interventionen des Sprechers sind im eigentlichen Sinne desillusionierend, d.h., sie stehen an pointierten Stellen des Dramas und zerstören bewusst die Erwartungen des Zuschauers. Er soll sich keinen Hoffnungen auf ein gutes, d.h. sinnvolles Ende hingeben. Das verbindet Anouilh mit Brecht, allerdings hat er nicht dessen weltverbessernden Ansatz. In der Illusionslosigkeit entspricht Anouilhs Dramenparodie der Weltsicht des Autors. Die unausweichliche Fatalität der menschlichen Existenz, das Zum-Mitspielen-verurteilt-Sein, spiegelt sich auch in der Haltung Antigones wider. Sie hasst nichts so sehr wie „le sale espoir" (die schmutzige Hoffnung, M.B.), die dem Menschen den klaren Blick auf die Bedingungen seiner Existenz verstellt und ihm Sinn vorgaukelt, wo Absurdität herrscht. Diese Haltung drückt das Lebensgefühl der Generation nach dem Zweiten Weltkrieg aus. Anouilhs Auffassung von der Wirkung des Theaters stimmt in vielen Punkten mit der von Frisch und Dürrenmatt in den 50er-Jahren entwickelten Theorie zum modernen Theater überein.[1]
Brecht hat wie kein anderer Autor der Moderne über die Aufführung seiner Stücke und über die intendierte Wirkung auf das Publikum nachgedacht und geschrieben. Seine Ablehnung des bürgerlichen Illusionstheaters erklärt sich vor allem aus seiner Absicht, mithilfe der Bühne Menschen und Welt als veränderbar zu zeigen. Die Episierung ist das strategische Mittel zur Erzeugung einer distanzierten Zuschauerhaltung. Das epische Theater will demonstrieren und aufklären statt illusionistische Erlebnisse vermitteln.
Brecht experimentiert mit neuen Spielweisen, die zugleich auf antike Theatermuster (1948) zurückgreifen. In seinem „Antigonemodell" stellt er die Nähe der antiken Dramaturgie zum Epischen und zu Effekten der Verfremdung heraus, die insbesondere durch die Chorpartien immer wieder einen Bruch mit der theatralischen Illusion bewirkten. Er betont, dass „[...] es sich weniger darum handelte, daß sich eine neue Dramaturgie, mehr darum, daß sich eine neue Spielweise an einem antiken Stück versuche [...]". Daher könne „die neue Bearbeitung nicht in der üblichen Weise den Theatern zur freien Verfügung übergeben werden".[2]
Im folgenden Arbeitsschritt sollen die Schülerinnen und Schüler die unterschiedlichen Konzepte Brechts und Anouilhs zur Darstellungsweise und Wirkungsabsicht des Theaters erarbeiten.
Die Schülerinnen und Schüler erhalten einen Auszug aus Anouilhs „Antigone" und Brechts Essay „Kann die heutige Welt durch Theater wiedergegeben werden?" (1955) sowie die tabellarische Gegenüberstellung von dramatischem und epischem Theater aus den Anmerkungen zur Oper „Aufstieg und Fall der Stadt Mahagonny" (1930) (s. **Arbeitsblatt 19, S. 88ff.**). Sie sollen folgende Aufgaben bearbeiten:

---

1 Vgl. dazu auch die Parodie Frischs auf das große Chorlied der „Antigone": „Feuergefährlich ist viel, / Aber nicht alles, was feuert, ist Schicksal, / Unabwendbares" Max Frisch: Biedermann und die Brandstifter. Ein Lehrstück ohne Lehre. Mit einem Nachspiel. 3. Aufl. Frankfurt/M. 2000 (Suhrkamp), S. 7, ebenso die parodistische Verarbeitung antiker Vorlagen in Dürrenmatts Stück „Der Besuch der alten Dame". Über die Rolle des Zufalls vgl. auch die 21 Punkte im Anhang von Dürrenmatts „Die Physiker".

2 Bertolt Brecht, a.a.O. S. 70

- *Untersuchen Sie den Textauszug aus Anouilhs „Antigone". Welche Unterscheidungen macht der Autor zwischen antiker Tragödie und modernem Bühnenstück?*
- *Erklären Sie, warum Anouilh den Begriff „Tragödie" dem Begriff „Drama" vorzieht, und führen Sie Beispiele aus dem Theaterstück an, in denen sich diese Auffassung widerspiegelt.*
- *Arbeiten Sie aus den Anmerkungen zur Oper „Aufstieg und Fall der Stadt Mahagonny" (1930) heraus, welche neuen Akzente Brecht mit seinem epischen Theater setzt.*
- *Welche Intentionen im Hinblick auf den Zuschauer verbindet Brecht mit dem epischen Theater?*

Abschließend erhalten die Schülerinnen und Schüler noch einmal die Gelegenheit, zur Frage der Möglichkeit tragischer Dichtung in heutiger Zeit Stellung zu beziehen. Eine interessante Position zu dieser Frage nimmt der Literaturwissenschaftler Hans-Dieter Gelfert ein. Die Schülerinnen und Schüler sollen sie kennenlernen und mit ihren eigenen Lektüreerfahrungen in Beziehung setzen (s. **Arbeitsblatt 20, S. 91f.**).
Die Aufgaben lauten:

- *Geben Sie Gelferts Position zur anstehenden Problematik wieder.*
- *Nehmen Sie Stellung zu seiner Sichtweise, indem Sie Ihre eigenen Lektüreerfahrungen mit in Ihre Argumentation einbeziehen.*

5.4 Inszenierung des Vorspiels

Da es sich bei dem „Vorspiel" um eine kurze, in sich geschlossene szenische Episode ohne größere Verständnisschwierigkeiten handelt, wird eine szenische Erarbeitung des „Vorspiels" empfohlen. Die Schülerinnen und Schüler können sich dabei an den Regieanweisungen Brechts orientieren (s. Textausgabe S. 105f.).
Mit dem Inszenierungsauftrag erproben die Schülerinnen und Schüler aktiv das epische Verfahren. Anders als bei einer Bearbeitung der theoretischen Texte, die sich häufig in einer bloßen Wiedergabe der abstrakten „Merkmale des epischen Theaters" erschöpft, können die Schülerinnen und Schüler als Regisseure experimentieren.
Sie erhalten folgende Aufgaben für die Vierergruppe:

- *Lesen Sie das „Vorspiel" (Textausgabe S. 98–102) gründlich und markieren Sie in Ihrem Text dialogische und epische Teile.*
- *Studieren Sie die Regieanweisungen für das Vorspiel (Textausgabe S. 105f.) und versehen Sie Ihren Text mit entsprechenden Markierungen.*
- *Verteilen Sie anschließend die drei Rollen und wählen Sie einen Regisseur.*
- *Bereiten Sie eine Vorführung (oder szenische Lesung) des „Vorspiels" vor (vgl. auch die Szenenskizze Textausgabe S. 103).*

Brecht: „Vorspiel" und Sophokles: „Antigone" (V. 1–99): ein Vergleich

Vergleichen Sie das Vorspiel (Textausgabe S. 98ff.) mit der ersten Begegnung zwischen Antigone und Ismene in Sophokles' Tragödie (V. 1–100). Tragen Sie Gemeinsamkeiten und Unterschiede in die folgende Tabelle ein und ziehen Sie Schlussfolgerungen aus Ihren Ergebnissen.

	Sophokles	Brecht
Handlungsort		
Zeit		
Personen		
Inhaltliche Aspekte (in Stichworten)		
Verhalten der Figuren		

Fazit

Bertolt Brecht: Maßnahmen gegen die Gewalt (1930)

Als Herr Keuner, der Denkende, sich in einem Saale vor vielen gegen die Gewalt aussprach, merkte er, wie die Leute vor ihm zurückwichen und weggingen. Er blickte sich um und sah hinter sich stehen – die Gewalt.

„Was sagtest du?" fragte ihn die Gewalt.

„Ich sprach mich für die Gewalt aus", antwortete Herr Keuner.

Als Herr Keuner weggegangen war, fragten ihn seine Schüler nach seinem Rückgrat. Herr Keuner antwortete: „Ich habe kein Rückgrat zum Zerschlagen. Gerade ich muß länger leben als die Gewalt."

Und Herr Keuner erzählte folgende Geschichte:

In die Wohnung des Herrn Egge, der gelernt hatte, nein zu sagen, kam eines Tages in der Zeit der Illegalität ein Agent, der zeigte einen Schein vor, welcher ausgestellt war im Namen derer, die die Stadt beherrschten, und auf dem stand, daß ihm gehören solle jede Wohnung, in die er seinen Fuß setzte; ebenso sollte ihm auch jedes Essen gehören, das er verlange; ebenso sollte ihm auch jeder Mann dienen, den er sähe.

Der Agent setzte sich in einen Stuhl, verlangte Essen, wusch sich, legte sich nieder und fragte mit dem Gesicht zur Wand vor dem Einschlafen: „Wirst du mir dienen?"

Herr Egge deckte ihn mit einer Decke zu, vertrieb die Fliegen, bewachte seinen Schlaf, und wie an diesem Tage gehorchte er ihm sieben Jahre lang. Aber was immer er für ihn tat, eines zu tun hütete er sich wohl: das war, ein Wort zu sagen. Als nun die sieben Jahre herum waren und der Agent dick geworden war vom vielen Essen, Schlafen und Befehlen, starb der Agent. Da wickelte ihn Herr Egge in die verdorbene Decke, schleifte ihn aus dem Haus, wusch das Lager, tünchte die Wände, atmete auf und antwortete: „Nein."

(Aus lizenzrechtlichen Gründen nicht in reformierter Schreibung)

- *Interpretieren Sie die Parabel. Beachten Sie dabei die Beziehung von Rahmen- und Binnenhandlung.*
- *Vergleichen Sie das Verhalten Herrn Keuners bzw. Herrn Egges mit dem der beiden Schwestern aus dem „Vorspiel".*

Theatertheorie: Brecht und Anouilh im Vergleich

SPRECHER: So weit wären wir also: Das Uhrwerk ist aufgezogen. Jetzt schnurrt es von allein ab. Das ist das Praktische bei einer Tragödie. Ein kleiner Stups mit dem Finger, und die Sache läuft. Da genügt schon ein kurzer Blickwechsel mit einem Mädchen, das auf der Straße vorbeigeht, oder ein unbestimmter Wunsch nach Ruhm und Ehre, der so beim Frühstück auftaucht, oder irgendeine überflüssige Frage, die eines schönen Abends gestellt wird ... Mehr braucht es meist gar nicht. Dann kann man beruhigt sein, die Geschichte läuft von allein ab. Es ist alles bis ins kleinste ausgetüftelt und von Anfang an gut geschmiert. Tod, Verrat, Verzweiflung, donnernde Gewitter, alles ist da, je nach Bedarf. Auch alle Arten von Schweigen – das tödliche Schweigen, wenn der Arm des Henkers zum letzten Streich ausholt; das Schweigen, wenn sich die beiden Liebenden zum ersten Male nackt gegenüberstehen und sich im dunklen Raum nicht zu rühren wagen; das Schweigen, bevor das Gebrüll der Menge dem Sieger entgegenschlägt; es ist wie bei einem Film, dessen Ton ausfällt: zum Sprechen aufgerissene Münder, die keinen Laut von sich geben.

Das ist schon etwas Feines, die Tragödie. Sie ist eine feste, todsichere Angelegenheit. Beim Drama mit dem ganzen Verräterpack, mit diesen bösartigen Hitzköpfen, den verfolgten Unschuldigen, mit den Rächern und den Hoffnungsschimmern nach dumpfer Verzweiflung, da wird einem das Sterben scheußlich schwer gemacht. Man stirbt oft ganz unvorhergesehen. Vielleicht wäre noch Rettung möglich gewesen, der wackere junge Mann hätte ja noch rechtzeitig mit der Polizei ankommen können ...

Bei der Tragödie kann man beruhigt sein. Da gibt es keinen Ausweg. Außerdem befindet man sich in bester Gesellschaft, denn im Grunde sind alle gleich unschuldig. Wenn da einer jemanden umbringt und ein anderer umgebracht wird, dann ist das lediglich eine Frage der Rollenverteilung.

Vor allem hat die Tragödie gar nichts Aufregendes. Es gibt von vornherein keine trügerischen Hoffnungen mehr. Man weiß, dass man wie eine Maus in der Falle gefangen wird. Man braucht nur mehr zu schreien – aber bitte nicht seufzen und jammern –, man muss nur noch schnell brüllen, was bisher noch nicht gesagt wurde, weil man es vielleicht selbst noch nicht gewusst hatte. Beim Drama gibt man sich immer verlorene Liebesmüh in der Hoffnung, man könne sich noch aus der Affäre ziehen. Das ist ein ganz widerwärtiger Zweckstandpunkt.

Bei der Tragödie ist das vollkommen anders. Sie ist etwas für Könige. Und alle Versuche, jemand zu retten, bleiben vergeblich.

Bertolt Brecht: Anmerkungen zur Oper „Aufstieg und Fall der Stadt Mahagonny" (1930) (Auszüge)

Dramatische Form des Theaters	Epische Form des Theaters
Die Bühne ‚verkörpert' einen Vorgang	sie erzählt ihn
verwickelt den Zuschauer in eine Aktion und	macht ihn zum Betrachter
verbraucht seine Aktivität	weckt seine Aktivität
ermöglicht ihm Gefühle	erzwingt von ihm Entscheidungen
vermittelt ihm Erlebnisse	vermittelt ihm Kenntnisse
der Zuschauer wird in eine Handlung hineinversetzt	er wird ihr gegenübergesetzt
es wird mit Suggestion gearbeitet	es wird mit Argumenten gearbeitet
die Empfindungen werden konserviert	bis zu Erkenntnissen getrieben
der Mensch wird als bekannt vorausgesetzt	der Mensch ist Gegenstand der Untersuchung
der unveränderliche Mensch	der veränderliche und verändernde Mensch
Spannung auf den Ausgang	Spannung auf den Gang
eine Szene für die andere	jede Szene für sich
die Geschehnisse verlaufen linear	in Kurven
natura non facit saltus	facit saltus
die Welt, wie sie ist	die Welt, wie sie wird
was der Mensch soll	was der Mensch muss
seine Triebe	seine Beweggründe
das Denken bestimmt das Sein	das gesellschaftliche Sein bestimmt das Denken

Das epische Theater Bertolt Brechts

Aus seiner praktischen Theaterarbeit heraus entwickelte Brecht schon Mitte der 20er-Jahre Pläne, das „alte" Theater in ein „großes zeitgenössisches" umzufunktionieren, das die Welt in ihrer komplexen Totalität und als veränderbar darstellen kann.

Bertolt Brecht: Kann die heutige Welt durch Theater wiedergegeben werden? (1955)

Mit Interesse höre ich, daß Friedrich Dürrenmatt in einem Gespräch über das Theater die Frage gestellt hat, ob die heutige Welt durch Theater überhaupt noch wiedergegeben werden kann.

Diese Frage, scheint mir, muß zugelassen werden, sobald sie einmal gestellt ist. Die Zeit ist vorüber, wo die Wiedergabe der Welt durch das Theater lediglich erlebbar sein mußte. Um ein Erlebnis zu werden, muß sie stimmen.

Es gibt viele Leute, die konstatieren, daß das Erlebnis im Theater schwächer wird, aber es gibt nicht so viele, die eine Wiedergabe der heutigen Welt als zunehmend schwierig erkennen. Es war diese Erkenntnis, die einige von uns Stückeschreibern und Spielleitern veranlaßt hat, auf die Suche nach neuen Kunstmitteln zu gehen.

Ich selbst habe, wie Ihnen als Leuten vom Bau bekannt ist, nicht wenige Versuche unternommen, die heutige Welt, das heutige Zusammenleben der Menschen, in das Blickfeld des Theaters zu bekommen. Dies schreibend, sitze ich nur wenige hundert Meter von einem großen, mit guten Schauspielern und aller nötigen Maschinerie ausgestatteten Theater, an dem ich mit zahlreichen, meist jungen Mitarbeitern manches ausprobieren kann, auf den Tischen um mich Modellbücher mit Tausenden von Fotos unserer Aufführungen und vielen mehr oder minder genauen Beschreibungen der verschiedenartigsten Probleme und ihrer vorläufigen Lösungen. Ich habe also alle Möglichkeiten, aber ich kann nicht sagen, daß die Dramaturgien, die ich aus bestimmten Gründen nichtaristotelische nenne, und die dazugehörende epische Spielweise *die* Lösung darstellen. Jedoch ist eines klar geworden: Die heutige Welt ist den heutigen Menschen nur beschreibbar, wenn sie als eine veränderbare Welt beschrieben wird.

Für heutige Menschen sind Fragen wertvoll der Antworten wegen. Heutige Menschen interessieren sich für Zustände und Vorkommnisse, denen gegenüber sie etwas tun können.

Vor Jahren sah ich ein Foto in einer Zeitung, das zu Reklamezwecken die Zerstörung von Tokio durch ein Erdbeben zeigte. Die meisten Häuser waren eingefallen, aber einige moderne Gebäude waren verschont geblieben. Die Unterschrift lautete: Steel stood – Stahl bleibt stehen.

Vergleichen Sie diese Beschreibung mit der klassischen Beschreibung des Ätnaausbruchs durch den älteren Plinius und Sie finden bei ihm einen Typus der Beschreibung, den die Stückeschreiber dieses Jahrhunderts überwinden müssen.

In einem Zeitalter, dessen Wissenschaft die Natur derart zu verändern weiß, daß die Welt schon nahezu bewohnbar erscheint, kann der Mensch nicht mehr lange als Opfer beschrieben werden, als Objekt einer unbekannten, aber fixierten Umwelt. Vom Standpunkt eines Spielballs aus sind die Bewegungsgesetze kaum konzipierbar.

Weil nämlich – im Gegensatz zur Natur im Allgemeinen – die Natur der menschlichen Gesellschaft im Dunkeln gehalten wurde, stehen wir jetzt, wie die betroffenen Wissenschaftler uns versichern, vor der totalen Vernichtbarkeit des kaum bewohnbar gemachten Planeten.

Es wird Sie nicht verwundern, von mir zu hören, daß die Frage der Beschreibbarkeit der Welt eine gesellschaftliche Frage ist. Ich habe dies viele Jahre lang aufrechterhalten und lebe jetzt in einem Staat, wo eine ungeheure Anstrengung gemacht wird, die Gesellschaft zu verändern. Sie mögen die Mittel und Wege verurteilen – ich hoffe übrigens, Sie kennen sie wirklich, nicht aus den Zeitungen –, Sie mögen dieses besondere Ideal einer neuen Welt nicht akzeptieren – ich hoffe, Sie kennen auch dieses –, aber sie werden kaum bezweifeln, daß an der Änderung der Welt, des Zusammenlebens der Menschen und dem Staat, in dem ich lebe, gearbeitet wird. Und Sie werden mir vielleicht darin zustimmen, daß die heutige Welt eine Änderung braucht.

Für diesen kleinen Aufsatz, den ich als einen freundschaftlichen Beitrag zu Ihrer Diskussion zu betrachten bitte, genügt es vielleicht, wenn ich jedenfalls meine Meinung berichte, daß die heutige Welt auch auf dem Theater wiedergegeben werden kann, aber nur wenn sie als veränderbar aufgefaßt wird.

Aus: Bertolt Brecht, Werke. Große kommentierte Berliner und Frankfurter Ausgabe, Band 23, Schriften 3

(Aus lizenzrechtlichen Gründen nicht in reformierter Schreibung.)

- *Untersuchen Sie den Textauszug aus Anouilhs „Antigone". Welche Unterscheidungen macht der Autor zwischen antiker Tragödie und modernem Bühnenstück?*
- *Erklären Sie, warum Anouilh den Begriff „Tragödie" dem Begriff „Drama" vorzieht, und führen Sie Beispiele aus dem Theaterstück an, in denen sich diese Auffassung widerspiegelt.*
- *Arbeiten Sie aus den Anmerkungen zur Oper „Aufstieg und Fall der Stadt Mahagonny" (1930) heraus, welche neuen Akzente Brecht mit seinem epischen Theater setzt.*
- *Welche Intentionen im Hinblick auf den Zuschauer verbindet Brecht mit dem epischen Theater?*

Hans-Dieter Gelfert: Über die Möglichkeit tragischer Dichtung in unserer Zeit

Eine Frage, die zum Schluss nicht ungestellt bleiben darf, ist die nach der Möglichkeit von tragischer Dichtung in unserer Zeit. Da sich inzwischen fast die ganze Welt zum egalitären Prinzip bekennt, folgt daraus nach unserer Theorie, dass eine emotionale Disposition für tragisches Erleben heute nicht mehr zu erwarten ist. Die Literatur der westlichen und auch der östlichen Welt scheint dies zu bestätigen. Am deutlichsten zeigt sich das entschiedene Vermeiden tragischer Konstellationen in den charakteristischen Mythen des amerikanischen Films. Im klassischen Western trägt fast immer der Verbrecher die Attribute, die den Helden der Tragödie auszeichnen. Er ist der stolze, zynische, den Pöbel verachtende Aristokrat mit dem silbernen Colt und der herrischen Autorität gegenüber seiner Gang, während der positive Held gewöhnlich ein wortkarger, linkischer Mann ist, schlicht gekleidet und Frauen gegenüber schüchtern: ein Mann aus dem Volke, mit dem sich jeder identifizieren kann. Als solcher hebt er sich zwar durch seinen Mut und seine Schusssicherheit aus der feigen Menge heraus, doch straft er diese nicht mit Verachtung, wie es Shakespeares Coriolan tut. Vielmehr gewinnt er zuerst einen, dann einen zweiten und vielleicht noch einen dritten dafür, an seiner Seite zu kämpfen. Und am Ende, nach dem Showdown, wird er von der Gemeinschaft als derjenige anerkannt, der sie in ihrer Gewöhnlichkeit rehabilitiert hat, ohne sich allzu sehr über sie zu erheben, während der Verbrecher mit seinen aristokratischen Allüren zu seiner verdienten Strafe gekommen ist. Dies Schema durchzieht in unzähligen Variationen den amerikanischen Film, und keineswegs nur den Western. Es scheint das den amerikanischen Wertnormen am meisten entsprechende Grundmuster zu sein. Im europäischen Film wirkt dagegen noch die Tradition der klassischen Literatur fort, sodass hier durchaus noch hin und wieder das tragische Pathos anzutreffen ist. Doch ist es selten mehr als bloße Wiederholung eines durch die Kulturtradition geheiligten Stereotyps.

Authentische Tragik entspricht heutzutage nicht nur keinem emotionalen Bedürfnis mehr, es scheint geradezu so, als sträubte sich etwas in unserem demokratischen Bewusstsein gegen die Zumutung tragischer Ambiguität. Welcher Dichter oder welcher Filmregisseur dürfte es wagen, Ulrike Meinhof als tragische Heldin auftreten zu lassen? Dabei wäre doch ihr gesetzwidriges Handeln weit eher zu rechtfertigen als z. B. das des Macbeth. Letzterer, der aus eigennützigem Ehrgeiz grausame Morde beging, wird Schülern als tragischer Held nahegebracht. Wer aber den Versuch machen würde, die aus uneigennütziger Verblendung begangenen Verbrechen der Meinhof ins Tragische zu überhöhen, zöge mit Sicherheit den Vorwurf auf sich, er verharmlose eine Gefahr für die verfassungsmäßige Stabilität unseres Gemeinwesens. Dass es solche Versuche gegeben hat, beweist das Fortwirken eines als Wert empfundenen Tragikbegriffs. Dass aber keiner dieser Versuche aus der Meinhof eine tragische Heldin machen konnte, beweist ebenso, dass wir nicht mehr imstande sind, einen Helden gleichzeitig zu bewundern und zu verurteilen. Was wir bei den tragischen Helden der klassischen Literatur noch nachvollziehen können, weil sie von einer historisch-kulturellen Aura umgeben sind und weil ihre Verbrechen uns nicht weh tun, ist uns bei Figuren der Zeitgeschichte nicht mehr möglich. Vielleicht ist dies auch gut so. Der Gedanke, Hitler oder Pol Pot als tragisch verblendete Weltverbesserer auf der Bühne zu erleben, ist schwer erträglich. Beide waren nicht Repräsentanten einer hierarchisch-aristokratischen Ordnung; im Gegenteil, sie waren die Geschöpfe pervertierter demokratischer Bewegungen. Schon darum können sie für ein demokratisch-egalitäres Publikum nicht zu Identifikationsfiguren werden. Das klassische Schema, dass ein tragischer Held bewundert und bejammert wird und durch seinen Untergang dem Zuschauer kathartische Befriedigung verschafft, scheint heute keinem emotionalen Bedürfnis mehr zu entsprechen. An die Stelle der moralischen Ambivalenz der Tragödie ist das Absurde, das Makabre und der blanke Zynismus getreten. Die einzige Tragödie, die heute noch nach dem klassischen Schema erlebbar zu sein scheint, ist die der Menschheit selbst. Der Mensch als der Zauberlehrling, der einem Gott gleich die herrlichsten Schöpfungen hervorgebracht hat und der im Begriff ist, eben dadurch die von ihm geschaffene Kultur und möglicherweise sich selbst als Gattung zu vernichten. Dies scheint eine wahrhaft tragische Konstellation zu sein. Aber welcher Dichter könnte sie gestalten?

Auch die klassische Komödienform scheint dem modernen Drama nicht mehr zu genügen. Furcht und Hoffnung, diese beiden Ur-Impulse, die dem traditionellen Drama zugrunde liegen, setzen einen Menschen voraus, der ein Bild von sich selbst hat und dies in die Zukunft entwirft. Dem heutigen Menschen scheint diese Selbstgewissheit verlorengegangen zu sein. So kann das Drama, wenn es ehrlich bleiben will, nicht mehr so tun, als wüsste es, was die Menschen erhoffen oder befürchten. Deshalb ist auch die komische Gattung in ihrer reinen Form aus dem modernen Theater verschwunden. Geblieben ist das wertneutrale Gehäuse des reinen dramatischen

Prozesses, in den der Zuschauer so hineingezogen wird, dass er sich selbst in seiner Lebenswirklichkeit erfährt, ohne dass dieser Wirklichkeit bereits das deutende Schema des Komischen oder Tragischen mitgegeben ist. In diesem Erlebnis der Selbsterfahrung wird Komisches und Tragisches unentwirrbar gemischt sein. Es wäre eine Verlegenheitslösung, dafür die Tragikomödie als Gattungsbegriff zu bemühen. Das Gattungsmerkmal des modernen Dramas scheint einzig die dramatische Simulation zu sein, sonst nichts. Es bietet eine Möglichkeit der Selbsterfahrung an, aber es hält weder eine Weltdeutung bereit, noch ordnet es für den Zuschauer dessen Reaktionsablauf nach Schemata, die früher als allgemeinmenschlich empfunden wurden und eine kollektive Identifikation ermöglichten. Das moderne Theater baut Spannungen auf und löst sie wieder, ohne dass darin der vertraute Entwurf von etwas Erhofftem oder Befürchtetem erkennbar wird. Deshalb können wir uns beim Verlassen des Theaters nach einem modernen Stück kaum kathartisch befriedigt, sondern wohl eher nur in unserer Erfahrungsfähigkeit und psychischen Lebendigkeit bestätigt fühlen. Dass auch dies mit Lust verbunden sein kann, wird jeder bestätigen, der schon einmal aus einem Stück kam, das ihn drei Stunden lang irritiert und geradezu geärgert hat und das gesehen zu haben er dennoch nicht bereut.

Aus: Hans-Dieter Gelfert: Wie interpretiert man ein Drama? Literaturwissen für Schule und Studium. Stuttgart 2002 (Reclam), S. 43ff.

- *Geben Sie Gelferts Position zur anstehenden Problematik wieder.*
- *Nehmen Sie Stellung zu seiner Sichtweise, indem Sie Ihre eigenen Lektüreerfahrungen mit in Ihre Argumentation einbeziehen.*

Baustein 6

Hochhuth, Langgässer und Böll

6.1 Hochhuth „Die Berliner Antigone"

Hochhuths Novelle (s. Textausgabe S. 111ff.) erschien 1963 in der *Frankfurter Allgemeinen Zeitung* zunächst in einer gekürzten Fassung. Auf der Basis der historischen Fakten des Attentats auf Hitler vom 20. Juli 1944 und seiner Folgen verfasst Hochhuth eine dokumentarische Erzählung. Handlungskonstruktion und Personenkonstellation gehen auf den antiken Antigone-Mythos zurück.

Bei der Erzählung handelt es sich um eine Novelle. Die Geschichte erfüllt klassische Voraussetzungen[1] bzgl. der Thematik (unerhörte Begebenheit), des Stils (nahezu objektiver Berichtstil ohne Erzählerreflexion) und der Handlungskonstruktion (gedrängte, gradlinig auf ein Ziel hinführende Konfliktgestaltung). Zur novellistischen Konstruktion gehören auch die raffenden Erzähleinschübe auf verschiedenen Zeitebenen, die die Linearität des Erzählens immer wieder unterbrechen.

Die Schülerinnen und Schüler sollen zunächst den Aufbau der Novelle erarbeiten (s. **Arbeitsblatt 21, S. 100**). Dazu erhalten sie folgende Aufgaben:

- *Übertragen Sie die Tabelle in Ihr Heft. Erarbeiten Sie einen Überblick über Ort, Zeit und den Ablauf der Handlung. Tragen Sie Ihre Ergebnisse in Ihre Tabelle ein.*
- *Analysieren Sie die Erzählperspektive und überprüfen Sie das Verhältnis von innerem und äußerem Geschehen.*
- *Ziehen Sie Schlüsse aus Ihren Befunden bzgl. der Schwerpunkte der Novelle.*

Die Ergebnisse können sprachlich verkürzt in folgendem Folienbild gesichert werden:

Zeitebenen	Ort der Handlung	Geschehen
Vorgeschichte I	Berlin	Annes Bruder wird wegen defätistischer Äußerung zum Tode verurteilt und hingerichtet. Annes Mutter nimmt sich daraufhin das Leben. Bodo verlobt sich mit Anne und geht an die Ostfront.
Vorgeschichte II	Anatomiesaal in der Universität Friedhof an der Marienkirche	Anne entdeckt ihren toten Bruder auf dem Seziertisch und beschließt, ihn zu beerdigen. Sie bestattet ihn heimlich während eines Luftangriffs auf Berlin und wird verraten.
Erzählgegenwart I	Gerichtssaal	Verhör Annes unter der Leitung ihres zukünftigen Schwiegervaters, des Generalrichters. Sie soll den Ort verraten, wo sie den Bruder bestattet hat, andernfalls droht ihr die Enthauptung. Anne bekommt eine Gnadenfrist von 24 Stunden.
Erzählgegenwart II	Todeszelle	Anne schreibt einen Brief an Bodo. Wegen der Explosion einer Luftmine wird die Frist der Hinrichtung um 11 Tage verlängert. Sie erhält erneut ein Rettungsangebot von Bodos Familie. Bodo erschießt sich, weil er glaubt, Anne sei tot. Anne schreibt ein Gnadengesuch und macht einen Selbstmordversuch. Anne wird hingerichtet.

[1] Novellendefinition nach Gero von Wilpert: Sachwörterbuch der Literatur. Stuttgart: Kröner Verlag 1964 (4. Aufl.) S. 468ff.

Die Erzählperspektive ist die eines auktorialen Erzählers, der sowohl dokumentierend berichtet als auch kommentierend in die Erzählung eingreift. Die Innensicht der Hauptfiguren Anne und Generalrichter spiegelt sich in inneren Monologen und erlebter Rede. Im Laufe der Erzählung vollzieht sich ein Perspektivenwechsel: Der erste Teil des Geschehens wird aus Sicht des Generalrichters (bis S. 116, Z. 20) erzählt, der zweite Teil aus Sicht Annes (bis S. 124, Z. 17). Das äußere Geschehen wird in den Gedanken und Erinnerungen der beiden Protagonisten rekonstruiert.

Schlüsse bzgl. der Schwerpunkte der Novelle:

- Im ersten Teil konzentriert sich die Erzählung auf das Dilemma des Generalrichters. Er muss sich zwischen den Erfordernissen seines Amtes, seiner öffentlichen Rolle, und seinen privaten Interessen entscheiden. Die väterliche Verbundenheit mit seinem Sohn bringt ihn dazu, Anne Handlungsalternativen anzubieten, die bei formaler Beachtung der Gesetze ihre Rettung ermöglichen, ohne dass er sein Gesicht verliert.
- Im zweiten Teil geht es um die letzten Tage Annes in der Haft und ihren Kampf gegen die Todesangst. Nach Bodos Selbstmord verzweifelt sie und distanziert sich immer mehr von ihrer Tat. Ihr Widerstand zerbricht an den menschenverachtenden Bedingungen der Haft.

Im folgenden Arbeitsschritt sollen die Schülerinnen und Schüler die novellistischen Elemente der Erzählung Hochhuths untersuchen. Sie erhalten eine Definition der Novelle (Gero von Wilpert) (s. **Arbeitsblatt 22, S. 101**) und folgende Aufgaben:

- *Markieren Sie die wesentlichen Merkmale der Novelle und vervollständigen Sie die Tabelle.*
- *Prüfen Sie nach, inwieweit Hochhuths Erzählung den Kriterien einer Novelle entspricht. Führen Sie konkrete Beispiele an.*

Die Ergebnisse können folgendermaßen gesichert werden:

Merkmal	**Begründung/Beleg**
eine tatsächliche unerhörte Begebenheit	• historisch verbürgtes Geschehen: die Hinrichtung der Frauen (vgl. Epitaph S. 125); • Einschub von Originaldokumenten aus Gerichtsverhandlungen, z. B. S. 113 (bzgl. des Ausdrucks „Massengrab"); • genaue Ortsangaben des Friedhofs; • Beschreibung der Luftangriffe auf Berlin (S. 117); • die objektive Beschreibung der „Vernichtungsmaschinerie" (S. 122, Z. 6ff.); • Eintragungen ins Register;
ein zentraler Konflikt	• Versuchung Annes, ihre Tat zu verleugnen und „rückgängig" zu machen; • Druck durch drohende Hinrichtung
gradlinig auf ein Ziel hinführender Aufbau	• Handlung in gedrängtem zeitlichen Ablauf von nur wenigen Tagen; • Zuspitzung auf den Höhepunkt: Selbstmord Bodos (S. 121)
objektiver Berichtstil	Erzähler erzählt lakonisch, scheinbar unbeteiligt: Widerspiegelung der Macht „objektiver" Zwänge und der Ohnmacht des Individuums
dramatischer Handlungsablauf	• Exposition: geraffte Darstellung des Kontextes der Handlung (Vorgeschichte); • steigende Handlung: Gerichtsszene und Gefangenschaft; • Höhepunkt und Peripetie: Bodos Selbstmord; • Katastrophe: Annes Widerstand bricht (Gnadengesuch); Hinrichtung

In einem weiteren Arbeitsschritt soll ein Vergleich der Novelle mit Sophokles' Drama „Antigone" durchgeführt werden. In den Übereinstimmungen, vor allem aber in den Differenzen zeigt sich eine Neuinterpretation des alten Konfliktschemas: Antigone in der Moderne unter Bedingungen totalitärer Herrschaft ist eine Nicht-Heldin, sie ist nicht prominent und bleibt namenlos wie auch die beiden anderen Opfer, der Bruder und der Verlobte. Der Widerstand wird nicht weltanschaulich-religiös begründet. Anne/Antigone richtet ihr Handeln nicht mehr an den Geboten der Götter aus (vgl. das Verhältnis Annes zu Pfarrer Ohm), ihre Tat ist aber auch keine Widerstandshandlung im eigentlich politischen Sinne. In diesem Punkt besteht Ähnlichkeit mit der existenzialistischen Antigone Anouilhs. Parallelen finden sich auch in der Figurenkonzeption und der Konfliktgestaltung (vgl. z. B. Annes immer wiederkehrende Frage nach dem Sinn ihrer Tat oder das Motiv des Briefes, den Anne dem Wärter zusteckt). Obwohl Annes Tat nicht eindeutig politisch motiviert ist, enthält der Text doch „eine komplexe politische Aussage: Er bringt am Schicksal Annes die Inhumanität des ‚Dritten Reiches' und seiner ‚Vernichtungsmaschinerie' zum Ausdruck; er stellt die Verwaltungssprache des NS-Regimes, die dieses z. T. überdauert hat, als Sediment und Mittel der politischen Inhumanität bloß; er vermittelt implizit Maßstäbe für die Beurteilung von Staatsgewalt und Staatsräson, und er zeigt die Grenze despotischer Macht im Nein eines Menschen, der sich nicht selbst verlieren will."[1]

Die Schülerinnen und Schüler sollen zunächst Parallelen zwischen der Novelle und dem antiken Drama erarbeiten. Sie vergleichen das Personenspektrum und die Figurenkonstellation. Dazu erhalten sie die folgenden Aufträge:

- *Legen Sie ein Personenverzeichnis für die Personen aus der Novelle an.*
- *Ordnen Sie den modernen Figuren das jeweilige antike Pendant zu und erstellen Sie eine Übersicht in Form einer Tabelle.*
- *Bearbeiten Sie arbeitsteilig die Personenpaare bzgl. ihrer Differenzen zur antiken Vorlage. Tragen Sie die Ergebnisse in Ihre Tabelle ein.*

Die Ergebnisse lassen sich in einer Ergebnisfolie wie folgt darstellen:

Sophokles	**Hochhuth**	**Differenzen bei Hochhuth**
Antigone	Anne	• alltägliche Protagonistin • keine antike Heroin • handelt nach eigenem Gewissen statt nach Göttergebot • Mut, aber auch Angst und Selbstzweifel
Kreon	General-richter/Hitler	• gespaltene Kreon-Figur • Hitler: die inhumane Macht im Hintergrund • Generalrichter: Dilemma zwischen Funktion und Privatleben
Haimon	Bodo	• aktiver vorbildhafter Widerstand gegen das Regime und seinen Vater
Polyneikes	Annes Bruder	• gehenkt wegen Desertion
Wächter	Brandenburg, der gute Wächter	• Menschenfreundlichkeit in inhumanem System
	die Amme	• Brutalität aus Naivität
Teiresias	Pastor Ohm	• Ohms Mitmenschlichkeit aus christlicher Überzeugung

2 Rolf Hochhuth: Die Berliner Antigone. Erzählungen und Gedichte. Nachwort von Helmut Kreuzer. Stuttgart: Reclam 1995, S. 82.

Die Synopse der Schlüsse der Antigone-Versionen von Sophokles, Anouilh und Hochhuth ermöglicht noch einmal einen Blick auf die Veränderungen und die Bedeutungsverlagerung des antiken Motivs in der Moderne. Dieser Arbeitsschritt fasst die Erkenntnisse der vorhergehenden Untersuchungen zusammen und sichert die Ergebnisse.
Die Aufgabe lautet:

- *Lesen Sie die Schlüsse der Werke von Sophokles, Anouilh und Hochhuth (Textausgabe S. 54, S. 93 und S. 124f.). Vergleichen Sie die Schlüsse in Bezug auf die Konfliktlösung und die Wirkung auf den Zuschauer bzw. Leser.*

Die Ergebnisse der Aufgabe lassen sich in sprachlich verkürzter Form folgendermaßen sichern:

Sophokles	Anouilh	Hochhuth
Antigones Sieg gegen Kreon; Leiden und unmenschliche Schicksalsschläge bringen Kreon wieder in das richtige Verhältnis zur Gottheit.	tragikomischer Schluss: Die Robusten (Wächter, Kreon) erweisen sich als lebenstüchtig. Kreon überlebt und regiert weiter wie gewohnt, die Wächter verharren in ihrem Stumpfsinn. Es gibt keine Veränderung der Verhältnisse durch Antigones Tat. Keine Belehrung des Zuschauers.	Auf der fiktiven Ebene bleibt Annes Tat wirkungslos: Anne wird hingerichtet, Machthaber und Kollaborateure überleben. Erweiterung der fiktionalen Perspektive durch das Ende der Erzählung: Erinnerung an die Hinrichtungen durch das Epitaph, das die Fiktionalität aufhebt und den Wahrheitsgehalt des Erzählten für den Leser verbürgt. Der Text wird zu einem zeitgeschichtlichen Dokument.

6.2 Langgässer „Die getreue Antigone"

Die folgende Interpretationsskizze konzentriert sich auf die für das Vergleichs-Modell relevanten Aspekte:
Langgässers Kurzgeschichte von 1947 spielt in der unmittelbaren Nachkriegszeit. Carola, eine junge Frau, deren Bruder in einem KZ umgekommen ist, hat es sich zur Aufgabe gemacht, im Andenken an den Verstorbenen das Grab eines unbekannten Soldaten zu pflegen. Darüber geraten sie und ihr Freund, genannt „der junge Bursche", in einen Streit. Der Freund wirft ihr vor, sie ehre das Grab eines Unbekannten, möglicherweise eines „SS-Kerls", und schände damit das Andenken ihres Bruders. Abschätzig nennt er ihr Handeln „Blödsinn" und „Getue" (S. 128, Z. 30 und 32). Carola reagiert zunächst abwehrend auf die Anschuldigungen, („Sie hielt sich mit verzweifeltem Ausdruck die Hände an die Ohren" [S. 129, Z. 5f.]), geht dann aber zum Gegenangriff über (vgl. S. 129, Z. 14ff.). Der Streit eskaliert, bis zuletzt der Junge resigniert nachgibt (S. 129, Z. 30ff.). Carolas Beharrlichkeit besänftigt ihn („[...] der junge Mann zog Carola an sich und legte wie ein verlaufener Hund den Kopf in ihren Schoß" [S. 129, Z. 36f.]). Carola stellt sich die Frage nicht, ob Freund und Feind in dem Grab liegen. Sie will die Schrecken der Vergangenheit vergessen, Täter und Opfer mit-

einander versöhnen. Das Grab des unbekannten Soldaten zu pflegen sieht sie als Symbol, als Friedensakt, durch den sie dem grausamen Tod ihres Bruders einen Sinn geben kann (vgl. S. 130, Z. 3ff.). Die Auseinandersetzung findet ein versöhnliches Ende. Carola bepflanzt das Grab mit frischen Blumen und der Bursche ist bereit, seinen Ministrantendienst wieder aufzunehmen („‚Meinetwegen', sagte der Bursche. ‚Nein: Deinetwegen', verbesserte er. ‚Damit du Ruhe hast'" [S. 131, Z. 18f.]).
Obwohl Langgässers Kurzgeschichte das antike Drama in den Kontext der Nachkriegszeit und ein christlich geprägtes Milieu stellt, sind die Parallelen in der Handlungs- und Figurengestaltung evident. Schon der Titel „Die getreue Antigone" setzt den Akzent auf die Ähnlichkeit der beiden weiblichen Charaktere: Für beide, Antigone und Carola, trifft das Epitheton „treu" das Wesentliche ihres Charakters. Antigone hat den Gesetzen der Götter und ihrer Familie und damit sich selbst die Treue gehalten. Im Kampf gegen Kreon hat sie ihre Überzeugung allen Widerständen zum Trotz verteidigt. Ebenso bleibt auch Carola unbeirrt. Ihr droht zwar keine Lebensgefahr wie Antigone, dennoch steht ihre Freundschaft auf dem Spiel. Sie verteidigt ihre Tat mit ähnlichen Worten wie Antigone, die Kreon entgegenhält, dass im Reich der Toten andere Gesetze herrschten („Zustimmung findet das nicht bei dem Toten" [V. 515]). Dem Vorwurf des Freundes, es könne sich um das Grab einen „SS-Kerls" handeln, entgegnet Carola: „Jetzt ist er tot." (S. 128, Z. 39). An die Toten zu erinnern und ihrer zu gedenken ist für beide Frauen selbstverständliche Verpflichtung. Weder die Bestattung des Leichnams (Antigone) noch die Pflege des Grabes eines Unbekannten (Carola) können die Ehre der Verstorbenen verletzen.
Weitere Parallelen in der Figurengestaltung finden sich im Vergleich Kreons mit dem jungen Burschen. Der Hohn und die Feindseligkeit, mit denen der Freund Carola begegnet, erinnern an Kreons aggressives Verhalten Antigone gegenüber. Wie Kreon spricht der Bursche vom Verrat Carolas an dem im Konzentrationslager ermordeten Bruder und appelliert an ihr Gewissen: „Ja, schämst du dich eigentlich nicht? [...] Deinen ältesten Bruder haben die Schufte in Mauthausen umgebracht" (S. 129, Z. 2ff.). Ähnlich argumentiert auch Kreon: „Wie kannst du, jenen ehrend, diesen schänden?" (V. 514) Der Dialog zwischen Carola und dem Freund erinnert ebenso an die Auseinandersetzung zwischen Ismene und Antigone.
Die Schlüsse beider Werke sind insofern vergleichbar, als Antigone zwar stirbt, Kreon aber als der Schuldige von den Göttern bestraft wird und Antigone postum Recht bekommt. In Langgässers Kurzgeschichte siegt zuletzt auch der humane Pazifismus Carolas über die Feindseligkeit und Emotionslosigkeit des Freundes. Carola und Antigone heben das Denken im Freund-Feind-Schema auf. Ihre Mission besteht in der Vergebung (in christlichem Sinn) und Versöhnung, damit Frieden für die Toten und Lebenden möglich wird.
Der Aufbau der Handlungsspannung von der Entstehung über die Eskalation des Streits bis zum friedlichen Ende spiegelt sich im Wechsel des Verhaltens der beiden Personen. Die seelische Spannung, die sich in körperlicher Aggression des Burschen entlädt, weicht unter Carolas besänftigenden Worten und Gesten zunehmendem Vertrauen, das sich in ihrem Gespräch und ihrer Haltung abzeichnet (ab S. 129, Z. 30). Am Ende nimmt Carola – eine Pietà (s. Abb. S. 102) – den Kopf des Jungen in den Schoß, und sein Gesicht „mit den Linien der unbarmherzigen Jahre entspannte sich (...)". In der Figur der Schmerzensmutter symbolisiert sich die versöhnende Kraft der Liebe, die die Gestalten des lebenden Freundes und der beiden Toten, des Bruders und des gefallenen Soldaten, vereint und die Vergangenheit, die Gegenwart und die Zukunft integriert. („‚Ich liege gut', gab der junge Mann mit entfernter Stimme zurück. ‚Ich möchte immer so liegen. Immer ...'" [S. 130, Z. 39f.]).
Visuelle und akustische Eindrücke ergänzen das friedliche Schlusstableau: Carola erinnert an das Requiem (akustisch) und bittet den Freund, wieder als Ministrant zu dienen. Ein Zitronenfalter (visuell: Lichtmetapher) „flog mit probenden Flügelschlägen vorbei und ließ sich vertrauensvoll und erschöpft auf dem Korb mit den Pflänzchen nieder" (S. 131, Z. 14ff.). Der Dialog endet auch für Carola versöhnlich, sie kann Frieden mit sich selbst schließen: „‚Damit er ... Ruhe hat', sagte sie und griff nach dem Pflanzenkorb." (S. 131, Z. 21f.)

Ergänzend zu obiger Interpretation lässt sich die Analyse der Kurzgeschichte hinsichtlich des Handlungsaufbaus, der Figurencharakteristik, der Beziehungen zwischen innerem und äußerem Geschehen, gespiegelt in der Natur- und Farbsymbolik, vertiefen. (Hingewiesen sei z. B. auf die Häufung von Todes- und Vergänglichkeitsmetaphern und Symbolen des Lebendigen [Thanatos und Eros] sowie auf die expressive Farbsymbolik [rot-weiß-schwarz] und die Hell-dunkel-Kontraste, die an den naturmagischen Erzählstil des neuromantisch-symbolistischen Stils erinnern.)

Die Kurzgeschichte kann auch über den Rahmen des vorliegenden Modells hinaus im Kontext ihrer Entstehungszeit als Nachkriegsgeschichte gelesen und mit anderen Kurzgeschichten der Epoche verglichen werden (z. B. von Borchert, Böll, Schnurre).
Der Text eignet sich ebenfalls als Klausurthema.

Wird die Kurzgeschichte im Unterricht besprochen, lassen sich folgende Arbeitsaufträge stellen (s. **Arbeitsblatt 23, S. 102**):

- *Lesen Sie die Kurzgeschichten und erstellen Sie eine tabellarische Übersicht (Heft), in die Sie die Parallelen zwischen antiken Figuren und Handlungselementen und moderner Kurzgeschichte eintragen. Beachten Sie auch den Titel der Kurzgeschichte.*

	Sophokles	**Langgässer**
Figuren	Antigone	
Handlungselemente		

- *Die Naturbeschreibung spielt eine wesentliche Rolle in dieser Erzählung. Markieren Sie zunächst alle beschreibenden Passagen, in denen es um die Natur geht.*
- *Werten Sie Ihre Ergebnisse aus, indem Sie auf Korrespondenzen zwischen Natur und innerem Geschehen achten.*
- *Skizzieren Sie die Schlussszene (Textausgabe S. 129, Z. 34ff.) und beschreiben Sie, welche Haltung die beiden Personen am Ende einnehmen. Vergleichen Sie Ihre Skizze mit der berühmten Pietà-Darstellung Michelangelos. Deuten Sie die parallele Figurenposition in Bezug auf die Gesamtaussage der Kurzgeschichte.*

6.3 Antigone als Politikum in der jüngeren Vergangenheit

Abschließend geht es um die Frage der politischen Wirksamkeit von Literatur in der jüngeren Vergangenheit. An zwei Beispielen soll die Aktualität des Mythos auch in der jüngeren deutschen Geschichte aufgewiesen werden. In Bölls Satire sind die politischen Verhältnisse der 70er- und 80er-Jahre, die Auseinandersetzung des Staates mit den RAF-Terroristen, Hintergrund einer Auseinandersetzung über die Aufführung der antiken Tragödie.
Die Jubiläums-Aufführung von Brechts „Die Antigone des Sophokles" 1989 in Ostberlin geriet zum Politikum. Im Rahmen der Vierzig-Jahr-Feiern der DDR führte ein Gast-Ensemble

aus Chur Brechts Drama auf. Die Reaktion des Publikums war unerwartet heftig, brisante Textstellen wurden lautstark beklatscht, denn die Zuschauer verstanden das Drama vor dem Hintergrund der aktuellen politischen Ereignisse in ihrem Land.

Mit diesen Beispielen, die nur ein kleiner Ausschnitt aus der Weiterverarbeitung des Mythos im 20. Jahrhundert sind, soll das Unterrichtsvorhaben beschlossen werden.[1] Sowohl Bölls Satire als auch das Theaterereignis in Ostberlin geben Anlass zu einer abschließenden Reflexion der Bedeutung und Wirksamkeit literarischer Tradition. „In den zahllosen Bearbeitungen des Antigone-Stoffes im 20. Jahrhundert wird mehr denn je deutlich, dass der Rückgriff auf antike Mythen ein öffentlich-literarisches Nachdenken über zeitgenössische Missstände ermöglicht, welches ein direktes Aussprechen des Unbehagens nicht zulassen würde. Auch im 21. Jahrhundert werden weitere Bearbeitungen des Antigone-Stoffes gegebene zwischenmenschliche Konflikte sowie gesellschaftliche Realitäten beleuchten, hinterfragen und widerspiegeln."[2]

Zunächst lesen die Schülerinnen und Schüler Bölls Satire „Die verschobene Antigone" (s. Textausgabe S. 132ff.) im Rahmen der politischen Situation der 80er-Jahre und analysieren die satirischen Elemente und deren Wirkung. Interessierten Schülerinnen und Schülern sollte Gelegenheit gegeben werden, zu den jeweiligen politischen Hintergründen zu recherchieren und weitere Materialien heranzuziehen.
Die Schülerinnen und Schüler erhalten folgende Aufgaben:

- *Informieren Sie sich in Ihrem Geschichtsbuch und/oder im Internet über die politische Situation der Bundesrepublik am Anfang der 80er-Jahre.*
- *Ermitteln Sie, welche Parallelen die Kommissionsmitglieder zwischen dem antiken Text und den politischen Verhältnissen gezogen haben, und erläutern Sie Ihren Befund.*
- *Stellen Sie Merkmale der Satire zusammen (Lehrbuch, Literaturlexika) und weisen Sie sie an Bölls Text nach.*

Im Anschluss erhalten die Schülerinnen und Schüler den Textauszug von Eberhard Hermes (s. **Arbeitsblatt 24, S. 103**) zur Theateraufführung von 1989 in Ostberlin mit folgenden Aufträgen:

- *Fassen Sie die Informationen des Textes kurz zusammen.*
- *Nehmen Sie an, Sie hätten als Journalist an der Aufführung teilgenommen. Verfassen Sie einen Zeitungsbericht über die Ereignisse.*

---

[1] Eine ergiebige Fundgrube für weitere Bearbeitungen: Lutz Walther, Martina Hayo (Hg.): Mythos Antigone. Texte von Sophokles bis Hochhuth. Leipzig: Reclam 2004.

[2] Dies., a.a.O. S. 195.

Analyse der Novelle

- *Übertragen Sie die Tabelle in Ihr Heft. Erarbeiten Sie einen Überblick über Ort, Zeit und Ablauf der Handlung. Tragen Sie Ihre Ergebnisse in Ihre Tabelle ein.*
- *Analysieren Sie die Erzählperspektive und überprüfen Sie das Verhältnis von innerem und äußerem Geschehen.*
- *Ziehen Sie Schlüsse aus Ihren Befunden bzgl. der Schwerpunkte der Novelle.*

Zeit	Ort	Geschehen/Handlung
Vorgeschichte I	Berlin	Annes Bruder wird wegen defätistischer Äußerung zum Tode verurteilt und hingerichtet. Annes Mutter nimmt sich daraufhin das Leben. Bodo verlobt sich mit Anne und geht an die Ostfront.
Vorgeschichte II	Anatomiesaal in der Universität	

Erzählperspektive:

______

______

______

______

Inneres und äußeres Geschehen:

______

______

______

______

Welche Schlüsse lassen sich aus den Ergebnissen bzgl. der Schwerpunkte der Novelle ziehen?

______

______

______

______

Novellentheorie

Hochhuths Erzählung weist Züge einer Novelle auf. Folgende bekannte Definition der Novelle findet sich im „Sachwörterbuch der Literatur" von Gero von Wilpert[1]: „Novelle: kürzere Vers- oder meist Prosaerzählung einer neuen, unerhörten, doch im Gegensatz zum Märchen tatsächlichen oder möglichen Einzelbegebenheit mit einem einzigen Konflikt in gedrängter, gradlinig auf ein Ziel hinführender und in sich geschlossener Form und nahezu objektivem Berichtstil ohne Einmischung des Erzählers, epische Breite und Charakterausmalung des Romans, dagegen häufig in Gestalt der Rahmen- oder chronikalischen Erzählung, die dem Dichter eine eigene Stellungnahme oder die Spiegelung des Erzählten bei den Aufnehmenden ermöglicht und den streng tektonischen[2] Aufbau der Novelle, den sie mit dem Drama gemeinsam hat, betont. Die Verwandtschaft zum Drama (Storm: „Schwester des Dramas") ist größer als zum Roman [...]. Beide Formen verlangen geraffte Exposition, konzentriert herausgebildete Peripetie und ein Abklingen, das die Zukunft der Personen mehr ahnungsvoll andeuten als gestalten kann."

- *Markieren Sie im Text die wesentlichen Merkmale der Novelle und tragen Sie sie in die Tabelle ein.*
- *Prüfen Sie nach, inwieweit Hochhuths Erzählung den Kriterien einer Novelle entspricht. Führen Sie konkrete Beispiele an.*

Merkmal	Begründung/Beleg

[1] Gero von Wilpert, Sachwörterbuch der Literatur, Stuttgart: Kröner 1964, S. 468
[2] Tektonik: geschlossener, symmetrischer Aufbau eines Kunstwerks

Elisabeth Langgässer: Die getreue Antigone

- *Lesen Sie die Kurzgeschichten und erstellen Sie eine tabellarische Übersicht (Heft), in die Sie die Parallelen zwischen antiken Figuren und Handlungselementen und moderner Kurzgeschichte eintragen. Beachten Sie auch den Titel der Kurzgeschichte.*

	Sophokles	**Langgässer**
Figuren	Antigone	
Handlungselemente		

- *Die Naturbeschreibung spielt eine wesentliche Rolle in dieser Geschichte. Markieren Sie zunächst alle beschreibenden Passagen, in denen es um die Natur geht.*
- *Werten Sie Ihre Ergebnisse aus, indem Sie auf Korrespondenzen zwischen Natur und innerem Geschehen achten.*
- *Skizzieren Sie die Schlussszene (Textausgabe S. 129, Z. 34ff.) und beschreiben Sie, welche Haltung die beiden Personen am Ende einnehmen. Vergleichen Sie Ihre Skizze mit der Pietà-Darstellung Michelangelos. Deuten Sie die parallele Figurenposition in Bezug auf die Gesamtaussage der Kurzgeschichte.*

Die Pietà von Michelangelo (1500, Höhe: 1,75 m)

Eberhard Hermes: Überraschungen bei der Antigone-Rezeption

Am 13. April 1989 wurde Brechts ‚Antigone' zum Gedenken an die 41 Jahre zurückliegende Uraufführung (15. 2. 1948) in einer Neuinszenierung in Chur (nunmehr in einem eigenen Schauspielhaus, nicht mehr wie damals in einem Kinosaal) wieder aufgeführt. Mit dieser Inszenierung gastierte das Churer Ensemble anlässlich der ‚Berliner Festtage' im Rahmen der Vierzig-Jahr-Feiern der DDR (gegründet 7. Oktober 1949) im Deutschen Theater in Ost-Berlin. Der alte antifaschistisch-kommunistische Bezugsrahmen, der für Brechts Bearbeitung gültig war, existierte also noch. Der amtierende Staatsratsvorsitzende Erich Honecker repräsentierte an der Seite des Generalsekretärs der sowjetrussischen kommunistischen Partei, Gorbatschow, feierlich den deutschen ‚Arbeiter- und Bauernstaat', der gleichzeitig bereits in Auflösung begriffen war. Flüchtlingsströme aus der DDR ergossen sich über Ungarn und die bundesrepublikanische Botschaft in Prag in den Westen. Die Theaterschaffenden der DDR verfassten am 7.10.1989 in der Berliner Volksbühne (Brechts Theater) eine Resolution, in der sie von ihrer Regierung die Einhaltung der Menschenrechte nach den Grundsätzen der KSZE-Akte von Helsinki vom 1.8.1975 forderten. Auf den Straßen und in den Kirchen fanden Demonstrationen gegen das Regime statt („Wir sind das Volk!"). Die entscheidende Leipziger Demonstration war am 9. 10. 1989, dem Tage des ersten Gastspiels der Leute aus Chur. Das Ensemble bestand aus Bürgern der Bundesrepublik, der DDR und aus Schweizern. Vor allem die Schweizer waren von der neuen Rezeptionssituation, auf welche ihr Stück traf, überrascht. Einer äußerte sich später darüber so: „Wir begannen während der letzten Proben endlich zu spüren, dass wir brisante und hochaktuelle Texte sprechen ..." (Felix Benesch in der ‚Bündner Zeitung' vom 13.10.1989, zitiert von H. Flashar: 6, 296).

Bei ihrer Ankunft in Berlin am 7.10.1989 kam die Churer Theatergruppe mitten in die Vorbereitungen der Vierzig-Jahr-Feier hinein. Die Zeitungen waren voller Bilder und Berichte davon, welche vom Jubel der Menschen über ihren Staat handelten. Die Reaktionen des Publikums im Theater sprachen jedoch eine andere Sprache. Da wurden Stellen wie Antigones Vorwurf an Kreon: „Weniger sind es geworden, seit du herrschst, und werden noch weniger werden" (453/4) oder Hämons Feststellung: „Die Stadt ist voll von innerer Unlust" (609) mit lautstarkem Beifall bedacht und der Auftritt des Kreon stets von unüberhörbaren Buh-Rufen begleitet. Obwohl die noch im alten Sinn funktionierende DDR-Presse diese Publikumsreaktionen herunterspielte, merkten die Gäste aus der Schweiz wohl, dass sich die Rezeptionssituation für Brechts ‚Antigone' radikal verändert hatte.

Schon in den Jahren vorher waren Antigone-Inszenierungen in der Weise verstanden worden, dass man in Kreon das Symbol des in Dogmen erstarrten Altherren-Regimes der sozialistischen Staatsmacht erkannte. Das Bemerkenswerte an dem Gastspiel des Ensembles aus Chur liegt nun darin, dass die Figur des Kreon bei Brecht als Verkörperung des Faschismus und des Kapitalismus angelegt ist und dennoch in dieser neuen Situation zum Symbol des Diktators im ‚real existierenden Sozialismus' umgedeutet wurde und dass diese Umdeutung ohne jede Belehrung oder Verabredung ganz spontan aus der historischen Situation entstand. So verlief diese Rezeption sowohl unabhängig von der Intention des Bearbeiters Bertolt Brecht wie auch entgegen der Erwartung der Theaterleute, die das Brecht-Stück einstudiert hatten, um den Autor zu ehren und einen Beitrag zu den Festlichkeiten ihrer Gastgeber zu leisten. Ein Theaterpublikum ist offensichtlich in der Lage, in seinem Rezeptionsverhalten politische Veränderungen vorwegzunehmen und in eine Umdeutung des gerade zur Aufführung gelangenden Stücks zu verwandeln. So kann Literatur – sei es erstmals, sei es wieder – zum ‚Politikum' werden.

Aus: Eberhard Hermes: Interpretationshilfen. Der Antigone-Stoff. Sophokles, Anouilh, Brecht, Hochhuth. Stuttgart: Ernst Klett Verlag 1992, S. 199f.

1

Grete Weil: Meine Schwester Antigone

O Grab, o Brautgemach und du, o Haus aus Stein, das ewig mich umschließen soll. Schweigen, den Mund zusammenpressen, die Lippen blutig beißen, nur nicht schreien. Euch die Freude nicht machen. Eure entsetzliche Freude, einen zum Tode Verurteilten schreien zu hören. Wenn man euch nur anschaut. Eure stumpfen Gesichter. Eure gleichgültigen Gesichter, die beweisen, dass euch ein Todesurteil nicht mehr bedeutet als eine Stunde Abwechslung. Eure lüsternen Gesichter, euer Lauern, wie der Verurteilte es erträgt. Eure zufriedenen Gesichter, die sagen, dass morgen wieder ein Tag ist und übermorgen und die ganze nächste Woche. Für euch. Ihr werdet nicht eingemauert in eine dunkle Höhle. Braucht nicht Hunger und Durst zu leiden. Ihr nicht. Eure entrüsteten Gesichter, euer Abscheu über den Versuch, Polyneikes zu begraben. Ihr Heuchler. Als wäre es für euch ein Unterschied, was mit seinem Körper geschieht. Ihr habt endlich Frieden, könnt eurer Arbeit nachgehen und ein geruhsames Leben führen, was wollt ihr mehr? Polyneikes Begräbnis macht euch nicht reicher, nicht ärmer. Doch ihr schüttelt die Fäuste und grölt: Kreon hat recht getan. Vergebliche Mühe, euch die Unmenschlichkeit seines Befehles klarzumachen, die Nichtswürdigkeit seiner Drohung, jeden zu töten, der ihm zuwiderhandelt. Dabei war er der Einzige, der den Protest verstand. Doch er muss Macht demonstrieren, Männlichkeit zeigen, den Staat und die Götter schützen. Alles das braucht er, um vor sich selbst zu bestehen. Aber ihr? Ihr findet sein Tun in Ordnung, es ist die Ordnung, in der ihr euch wohlfühlt, ihr Jasager, ihr Mitläufer, ihr Nutznießer. Habt ihr schon je, wenn es einen anderen traf, darüber nachgedacht, wie grässlich es ist, umgebracht zu werden? Habt ihr eine einzige Träne aus Mitleid geweint? Seid ihr Menschen? O Volk von Theben. Ihr wisst nichts, begreift nichts. Nicht das schlimme Sterben und nicht die große Erfüllung, bei ihm zu sein in alle Ewigkeit, vom gleichen Stoff wie er.

Sie sah ihm ähnlich, sie war ihm ähnlich. Intelligent, störrisch, arrogant. Beide begriffen, überlegten und handelten schnell, impulsiv, hielten zueinander und waren bereit, den anderen gegen jeden Angriff zu verteidigen. Ihre Tragik bestand nicht darin, dass sie Geschwister waren, das hätte sich arrangieren lassen; in Ägypten heirateten die Könige ihre Schwestern. In Griechenland war es nicht üblich, doch hatten die beiden, die sowieso nie taten, was das Übliche war, den Anfang machen können. Einen irrsinnigen Anfang: Geschwister, deren Eltern Mutter und Sohn sind, zeugen ihrerseits Kinder; die gleichen Eigenschaften, unendlich gesteigert, verfeinert. Auf die Spitze treiben. Dass Polyneikes ausbrach und die Tochter des Königs von Argos heiratete, hatte weniger mit Liebe als mit seinem Ehrgeiz zu tun, er brauchte das Heer seines Schwiegervaters, um gegen Theben Krieg zu führen. Wahrscheinlich hätte er die Missachtung seiner Befehle genauso streng bestraft wie Kreon, von dem er viel hatte; vielleicht wäre Antigone mit dem König Polyneikes schnell in Konflikt geraten. Denn das war in Wahrheit die Tragik der beiden: dass er Staat dachte, und sie Freiheit.

Warum, in drei Teufels Namen, will ich ein Buch schreiben? Weil ich schreiben muss, ohne schreiben nicht leben kann? Ich kann ohne Waiki leben, was ich, als er noch da war, für unmöglich hielt, und ohne Urs, ohne den Hund und ohne ein Kind, das ich nie hatte, ohne meine Eltern, ohne mein Elternhaus und ohne bayerische Landschaft. Um Geld zu verdienen? Da müsste ich verhungern. Möchte ich meinen Namen noch einmal gedruckt sehen, Kritiken über mich in Zeitungen lesen, meine von einer fremden Stimme gesprochenen Worte anhören oder sie vor einem beflissenen Publikum selber lesen? Möchte ich einem Interviewer die Fragen beantworten: Schreiben Sie morgens oder abends, haben Sie, wenn Sie anfangen, die Konzeption fertig im Kopf, gehören Sie einer Gruppe an, verfassen Sie zuweilen Gedichte, was ist Ihre Meinung über Terroristen, halten Sie Hasch für gefährlicher als Alkohol und Nikotin?

Nein, das alles will ich nicht, nicht mehr, früher hätte es mir – vielleicht – Spaß gemacht, doch damals ist niemand auf die Idee gekommen, mich nach diesen Dingen zu fragen. Als ich in dem Alter war, in dem dergleichen schmeichelt, brach das Dritte Reich über uns herein, suchten wir einen Weg aus unserem Gefängnis, lernte ich fotografieren, um mich im Ausland ernähren zu können, war Fotografin in Amsterdam, bis mir die Deutschen mein Atelier wegnahmen, saß schließlich untergetaucht in einem alten Grachtenhaus und konnte nicht auf die Straße, weil man mich dort festgenommen und nach Auschwitz geschickt hätte.

„Why do you write?", fragt mich die junge amerikanische Malerin in Boston, fünf Minuten, nachdem wir uns kennengelernt haben. Ich gebe mir mit meiner Antwort Mühe, doch fällt mir nichts ein, außer ein paar Floskeln wie Talent, Freude am Formen, Wunsch zu informieren und was man halt so sagt. Sie ist unzufrieden, das sehe ich ihr an, ich erkläre, dass sich diese Frage in einer fremden Sprache nicht differenziert genug beantworten lässt. Ausrede, Lüge, manchmal kann man in einer fremden Sprache viel besser differenzieren. Unter Umständen etwas sagen, das man in der eigenen nicht über die Lippen bringt. (Wie oft „I love you" gesagt.) Why do I write? Because, because ... aber auch auf englisch weiß ich es nicht, kann das, was mir so wichtig ist, nicht ausdrücken. Wäre der Wunsch zu schreiben gleich stark, wenn ich besser hören würde? I don't know. Ist es das Verlangen, viele Menschen zu sein? I don't know. Habe ich Angst zu verstummen? I don't know.

Ich möchte ein Buch schreiben über ein Mädchen, das sich von mir nicht schreiben lassen will, meinen Eigensinn an ihrem Eigensinn messen, sehen, wer zum Schluss die Oberhand behält. Einmal muss sie mir ja antworten auf meine Frage, warum sie dieses kindische Begräbnis inszenierte, das niemandem half, sie das Leben kostete und in Theben alles beim Alten beließ. Warum hat sie, die zu jedem Opfer Bereite, Kreon nicht umgebracht? Fürchtete sie sich davor, die Macht zu übernehmen? Hatte sie Angst, dass Macht korrumpiert?

Aus: Grete Weil: Meine Schwester Antigone. Frankfurt a. Main: Fischer Taschenbuch 1982, S. 14–17

Einleitung zu: Grete Weil „Meine Schwester Antigone"

Der Frage, inwieweit Antigone zur „Schwester für jede Generation" (Drewitz 163) wird, der Frage also, ob auch eine *alte* Frau Verwandtschaft mit Antigone empfinden kann, geht Grete Weil in ihrem 1980 erschienenen Roman *Meine Schwester Antigone* nach. In diesem außergewöhnlichen und mehrschichtigen Text schildert eine jüdische Ich-Erzählerin den Versuch ihrer Identifikation mit der mythischen Antigone. Die etwa 70 Jahre alte Hauptfigur, die den nationalsozialistischen Terror als Mitarbeiterin des Jüdischen Rates in Holland überlebte, während ihr Ehemann im KZ Mauthausen ermordet wurde, versucht vergeblich (?), ihre Schuldgefühle – sie hat während des Faschismus keinen aktiven Widerstand geleistet – durch das Schreiben eines Antigone-Romans zu überwinden. Was folgt, ist eine ergreifende Verdichtung zwischen dem griechischen Mythos, der deutschen Geschichte und dem privaten Erleben der Protagonistin.

Als sie eines Tages von ihrer Nichte gebeten wird, einer vermeintlichen Sympathisantin der deutschen Terroristen in ihrer Wohnung Unterschlupf zu gewähren, beginnt sie Vergleiche zwischen Antigone und Gudrun Ensslin bzw. Sophie Scholl zu ziehen: „Antigone und Gudrun Ensslin auf der gleichen Linie. Der Jungfrauen herrlichste Natur und das Mädchen, das man als Kriminelle abtut. Wo ist der Unterschied?" (S. 177) Obwohl sie Antigone immer wieder in Schutz nimmt – „Aber vielleicht will Antigone tatsächlich nichts als den Bruder begraben" (S. 183) –, muss sie letztendlich zugeben, dass sie den Totalitarismus der Widerstandskämpferinnen und somit auch Antigones unerbittliche „Fähigkeit zur Selbstvernichtung" (Liebs 192) nicht ertragen kann: „Und ich? Ich habe meine Wunde geleckt, ein Leben lang. Mit einem nicht vorhandenen Revolver gespielt. Nur geträumt vom Feuer. Kein Versuch, mich zu vernichten, kein Versuch, in der Öffentlichkeit zu demonstrieren" (S. 177). [...] „Ich bin gegen euren Glauben, dass es ein Paradies auf Erden geben kann, und noch viel mehr gegen euren höllischen Weg zu diesem Paradies. Ihr spielt Krieg, einen sinnlosen widerwärtigen Krieg. Und ich will Frieden" (S. 185).

Aus: Lutz Walther, Martina Hajo (Hrg.): Mythos Antigone. Texte von Sophokles bis Hochhuth. Leipzig 2004 (Reclam), S. 191f.

Unbefleckte Erkenntnis

Lars-Ole Walburg seziert Sophokles' „Antigone" an den Münchner Kammerspielen

Gestern erst ist in Bremen der Deutsche Ärztetag zu Ende gegangen, und man hat an diesem Theaterabend den Eindruck, eine Abordnung sei weitergereist an die Münchner Kammerspiele, um eine Operation an einem uralten Patienten vorzunehmen: Sophokles' „Antigone". Die Bühne von Barbara Ehnes ist eine Versuchsanordnung, ein heller Emergency Room, aseptisch wie ein Labor. Eine steil abfallende Ebene, glatt und poliert, führt von einer weißen Rückwand bis an die Rampe zum Parkett. Nichts lenkt hier ab von dem Text, dem der chirurgische Eingriff gilt. Keine Requisiten, keinerlei Dekor. Scheinwerferbatterien spenden ein klinisches Licht, und die Schauspieler sehen aus, als seien sie einer Ärzteserie entsprungen. Alle tragen Kostüme in strahlendem Weiß, moderne Kostüme in edlem Design (Couture: Selina Peyer). Kreon zum Beispiel trägt einen schneeweißen Sommeranzug zu cremefarbenen Schuhen, sein Sohn Haimon eine weiße Jeans, darüber lose ein Hemd. Die beiden Herren vom Chor geben sich eher sportlich im Yachtclub-Strickpullover. Der blinde Teiresias geht in chicem Leinen, und die Kleider der Ödipus-Mädchen entstammen der aktuellen Frühjahrskollektion.

So keimfrei wie diese Anordnung ist der ganze Abend. Unbefleckte Erkenntnis heißt das Programm. Bei „Dantons Tod", seiner ersten Münchner Gastinszenierung im November 2001, hatte Lars-Ole Walburg die Bühne der Kammerspiele – damals noch im Neuen Haus – mit Schlamm zugekippt und eine Riesensauerei veranstaltet. „Wo Schmutz ist, da ist die Republik nicht mehr", rief damals Saint Just, der skrupellose Saubermann des Terrors, und die Revolution ging unter im Matsch – ein dreckiges Geschäft. Nun, bei „Antigone", herrscht das genaue Gegenteil: Der Krieg (gegen Theben) ist zu Ende, die schmutzige Arbeit erledigt. Man hat jetzt aufgeräumt und trägt wieder reine Weste. Wo kein Schmutz mehr ist, da ist die Republik. Kreon, der neue König, gibt sich denn auch ganz als Staatsmann modernen Zuschnitts. Michael Neuenschwander spielt ihn nicht als den unmenschlichen Tyrannen, als der er bei Sophokles erscheint, sondern als einen Politiker des Neuanfangs, der gefallen und eine zivilisatorische Ordnung etablieren will. Für seine Regierungserklärung greift er sich, leicht unsicher noch, den Mikrofonständer und verspricht gerechte Behandlung all denen, die das Gesetz befolgen. Dass er Polyneikes, den Bruder Antigones, nicht begraben lassen will, erscheint hier weniger als barbarischer Akt denn als erste Staatstat, um ein Exempel zu statuieren. Polyneikes hat schließlich gegen Theben gekämpft, und Strafe muss sein. Nebenher will Kreon, als Neuling im Amt leicht überfordert, mit dem Erlass wohl auch seine Autorität beweisen. Ein Fehler, ganz klar, doch das wird ihm viel zu spät erst bewusst.

Antigone, die sich auf göttliches Recht beruft, setzt sich über den Staatsbefehl hinweg und begräbt den Bruder: ein Akt der Schwesternliebe und der Menschlichkeit. Sie wird dafür von Kreon in ein Felsenverließ verbannt, wo sie sich schließlich erhängt. Aus Schmerz über ihren Tod ersticht sich ihr Bräutigam Haimon, Kreons Sohn, was wiederum dazu führt, dass sich auch Haimons Mutter Eurydike umbringt. So endet blutig, was so blütenrein begann, und der Mensch hat sich wieder einmal schuldig, also schmutzig gemacht, auch wenn auf Barbara Ehnes' Bühne bis zum Schluss kein einziger Fleck den Anschein der Reinheit trübt.

Genau Diskurs gehalten

Lars-Ole Walburg macht aus der Tragödie einen kurzen Prozess: knapp, klar, ohne Schnörkel. Er zerrt das Stück ins sterile Licht seines Theater-OPs und legt die Argumente frei, kühl und präzise wie ein Chirurg. Der Vorteil: Ganz auf die Sprache und die Ratio konzentriert, wird aus dem Konflikt zwischen Antigone und Kreon ein spannender Diskurs über die Gebote der Menschlichkeit im Gegensatz zu staatlicher Rechthaberei und autoritärer Macht. Fragen, die uns heute mehr denn je angehen. Die aktuelle Brisanz des Stückes scheint hier nicht bloß auf, sie wird von Walburg buchstäblich beleuchtet und zur allgemeinen Kenntnisnahme und besseren Beurteilung herausoperiert. Der Nachteil ist: Das hat in seiner Überdeutlichkeit auch etwas Didaktisches. Den Figuren merkt man immer an, dass sie Wortfackelträger sind. Sie sprechen nicht, sie argumentieren. Sie leben nicht, sie stehen für etwas ein. Machmal zeigt Walburg ihre Gesichter in Großaufnahme auf einer Videoleinwand: bedeutungsvoll, jeder Kopf wie ausgestanzt. Man könnte es auch so sagen: Die Inszenierung ist kopflastig, ihr fehlt das Herz. Es fehlt die Glut, die Leidenschaft, der Schmerz, der einen mitfühlen lässt. Die Operation ist am Ende zwar gelungen, ziemlich mustergültig sogar, der Patient jedoch war von vornherein tot. Das Ganze: ein Lehrprozess.

„Sonst noch jemand 'nen guten Ratschlag?", kommentiert Michael Neuenschwander den Auftritt des blinden Sehers Teiresias. Verunsichert durch dessen Warnungen weiß Kreon sich nicht mehr zu helfen und tritt in der pädagogisch anschaulichsten Szene kurzerhand von der Bühne ab. Steht unten im Parkett und grübelt, ob er seine Strafaktion gegen Antigone revidieren soll. Ein Politiker geht in sich: „Nachgeben? Schrecklich!“ Schließlich folgt er der Stimme der Vernunft – zu spät. Kreon kann nur noch seinen toten Sohn im Arm halten. Im Schlussbild wird er fast erschlagen von der Rückwand, die krachend auseinanderklappt. Kleiner Knalleffekt als Warnschuss an alle Amtskollegen.

Schauspielerisch ist dieser Theaterabend großartig, das macht das gelegentliche Unbehagen an Walburgs Belehrungen wieder wett. Julia Jentsch, in Cannes soeben gefeiert für ihre Rolle in Hans Weingartners Film „Die fetten Jahre sind vorbei“, ist als Antigone kein hehres Geschöpf von antikischer Größe, auch kein zartes Unschuldslamm, sondern ein Wildfang mit langer, blonder Mähne und einer fanatischen Verbissenheit im Gesicht. Eine Girlie-Amazone mit dem Kampfgeist (und den Stiefeln) einer Lara Croft. Auch sie hat etwas von der Unbedingtheit und Anmaßung, die Kreon zum Vorwurf gemacht wird, und es ist fulminant, wie sie ihren anfänglichen Trotz in puren Zorn umschlagen lässt. Ismene dagegen ist bei Caroline Ebner ein scheues Reh, das tapfer allen Mut zusammennimmt, um zu ihrer Schwester zu stehen. Paul Herwig als Haimon und Oliver Mallison als Bote aller schlechten Nachrichten holen auf feine Art viel Komik aus ihren Rollen. Und es ist die wunderbare Doris Schade, die dem Seher Teiresias ihre blauen Augen und die Würde ihrer Erscheinung leiht.

Den Text des Chors hat Lars-Ole Walburg auf zwei Schauspieler verteilt: Hermann Beyer und Dieter Montag nehmen in den Balkonen rechts und links von der Bühne Platz und kommentieren die Ereignisse wie Theaterzuschauer aus dem Rang. Beide sind hervorragende Sprecher – wie es ohnehin an diesem Abend ein sinnliches Vergnügen ist, zuzuhören. In der Kunst, klassische Texte so zu sprechen, als seien sie von heute, ganz intim, ganz direkt und ohne Pathos, ist das Ensemble staunenswert gut bewandert. Musikalisch rhythmisiert, akzentuiert und bis zum Exzess kommentiert wird der Text von dem Percussionisten Anno Kesting, der mit seinem Schlagzeug einen Ehrenplatz links auf der Bühne hat. Trommeln gehört hier nun mal zum Geschäft.

Christine Dössel

Aus: Süddeutsche Zeitung Nr. 117, 22./23. Mai 2004

Elisabeth Frenzel: Das Amazonenmotiv

[...] Denn das Wesen der Amazone und ihre Beurteilung sind zwiespältig. Einerseits war für die Griechen die Frau Verkörperung maßlos triebhafter Kräfte, und sie boten daher die mythischen Schöpfer sittlicher Ordnung zur Bändigung der Amazonen auf: Bellerophon, der die Amazonen in der Schlacht schlägt, Herakles, der in ihr Reich eindringt und den Gürtel der Hippolyte gewinnt, und Theseus, der Athen vor dem Einfall der Amazonen schützt und ihre Königin (Hippolyte oder Antiope) gefangennimmt. In der bildenden Kunst sind Amazonenkämpfe Parallelen zu Kentauren- und Gigantenkämpfen. Jedoch spricht die Schönheit der Amazonen in bildkünstlerischer Darstellung, durch die das Ideal höchster Anmut und zugleich strenger Unberührbarkeit ausgedrückt scheint, für die Achtung, die ihnen andererseits gezollt wurde. In zahlreichen Lokaltraditionen erscheinen sie als Gründerinnen von Städten und Kulten. Besonders nahe scheint ihre Beziehung zu Artemis, der Schützerin der Jungfrauen. Auch die jungfräuliche Athene zeigt in ihren kriegerischen Wesenszügen Verwandtschaft zu den Amazonen. Die Beziehung zu Artemis legt andererseits eine Feindschaft gegen Aphrodite nahe. Obwohl nicht eigentlich Gegner der Liebe, weichen die Amazonen doch durch ihr Verfahren, sich den Mann mit der Waffe in der Hand zu erobern, von den herkömmlichen Wegen der Liebesgöttin ab, sie besitzen einen ähnlich beleidigenden „Geruch der Männlichkeit", wie er den Frauen von Lemnos anhaftete, die alle Männer auf ihrer Insel umbrachten. Daher verfolgt sie der Fluch Aphrodites. Hippolyte, Antiope und Penthesilea scheitern in ihren Liebesbeziehungen, und ihre Nachfahrinnen in der Literatur verzichten daher von vornherein auf die Liebe, die ihnen Unterwerfung unter den Mann bedeutet.

Der Amazonenmythos taucht schon in der *Ilias* auf, in der die Amazonen auf troischer Seite in den Kampf eingreifen, und die antiken Autoren bis zu Ammianus Marcellinus und Jordanes im 4. und 6. Jahrhundert n. Chr. haben das Vorhandensein des Weiberstaates heftig diskutiert. Entstehung und Wesen des Amazonenreiches waren unsicher: Waren die Amazonen von ihren Männern geflohen, hatten sie sie unterjocht oder ausgerottet? Bei Herodot gehört der Amazonenstaat in die Reihe der Utopien; die Amazonen leben von Jagd und Plünderung. Spätere Autoren wissen eine genaue Organisation ihres Staates und die Gesetze ihres jährlich einmal stattfindenden Umgangs mit Männern zum Zwecke der Fortpflanzung anzugeben. Die literarisch bedeutendste Gestalt unter den Amazonen ist die Königin Penthesilea, die mit einem Heer vor Troja erscheint und von Achill im Kampfe getötet wird, der dann um die schöne Sterbende trauert; in der *Aithiopis*, einem verlorenen Gedicht des Troischen Zyklus, wurde ihr Schicksal besungen. Nach anderer Version (Ptolemaios Xennos) tötet dagegen Penthesilea Achill, der durch Vermittlung seiner Mutter zu neuem Leben erweckt wird und sich dann an der Amazone rächt. Bei dem Römer Properz ist das Ereignis schon so idealisiert, dass die Besiegte durch ihre Schönheit über den Sieger siegt, als der Helm ihr Gesicht freigibt. Die stärkste Verbreitung und Festigung erfuhr der Amazonenmythos zweifellos dadurch, dass eine Begegnung mit den Amazonen seit Diodor in die Vita Alexanders des Großen eingebaut war. Auch hier trat eine Königin in den Vordergrund: Talestris, die mit Alexander einen Liebesbund eingehen will zu dem ausdrücklichen Zweck, von dem größten Helden ein Kind und möglichst eine Thronerbin zu bekommen. Wie an Penthesilea, so ist auch an Talestris eine lange Stofftradition geknüpft.

In der schon erwähnten Geschichte der Frauen von Lemnos haben die Befürchtungen Ausdruck gefunden, die man gegenüber dem Männerhass der Frauen und der Frauenherrschaft hegte. Aischylos (*Die Schutzflehenden* um 463 v. Chr.) deutete die überlieferte Greueltat der fünfzig Töchter des Danaos, die in der Hochzeitsnacht ihre ihnen angetrauten Vettern umbrachten, als überspitzten jungfräulichen Widerstand gegen die Berührung des Mannes; ihre Mägde vertreten im Chorlied demgegenüber die natürliche Bestimmung der Frau, der nur eine der Schwestern, Hypermestra, nachgeht, weil sie von der Gegenmacht der Aphrodite berührt wurde. Dass die Machtergreifung amazonischer Frauen auch ihre heitere Seite hat, zeigte bereits Aristophanes in den *Ekklesiazusen*, in denen die Frauen wie Männer ausgerüstet zur Volksversammlung erscheinen und die städtischen Angelegenheiten in eigene Regie nehmen wollen, aber an Eigennutz und Liebesgier scheitern; auch die *Thesmophoriazusen* machen deutlich, dass die sich über ihre Unfreiheit beklagenden Frauen, die vier Tage lang in strenger Abgeschlossenheit auf der Pnyx tagen, dann doch von Wollust übermannt werden, und schließlich wird auch der von Lysistrata (411 v. Chr.) ausgerufene Boykott gegen die Männer nur vor dem Zusammenbruch bewahrt, weil die entsprechende Entbehrung auf Seiten der Männer die Verhandlungen beschleunigt. Der komische Gegensatz zwischen Theorie und Praxis, der die heiteren Darstellungen des Amazonen-Motivs durch die Jahrhunderte kennzeichnet, beruht auf der Dialektik, dass ein auf Ausklammerung der Männer beruhendes Staatswesen sich nur mit Hilfe der Männer erhalten kann und dass der natürliche Trieb alle moralischen oder politischen Grundsätze durchbricht. Auch die tragischen Züge des Motivs haben hier ihre Wurzel.

Aus: Elisabeth Frenzel: Motive der Weltliteratur. Kröners Taschenausgabe, Band 301, 5. Aufl. 1999, S. 12ff., Alfred Kröner Verlag, Stuttgart

Peter von Matt: Die Abwehr des anarchisch-natürlichen Matriarchats

Was anderes als eben solche „Abwehr des anarchisch-natürlichen Matriarchats“ steckt im Finale von Kreons Droh- und Warnrede?

Der Übel größtes aber ist Zuchtlosigkeit.
Städte vernichtet sie, Wohnstätten wandelt sie
In Ödland. Löst der Bundesvölker Reihen auf
In wilde Flucht. (...)
Der Ordnung Sache wollen wir verfechten, Sohn,
Und nicht dem Weibe unterliegen, nimmermehr!
Lieber doch einem Manne weichen, muss es sein,
Als schwach sich nennen lassen, schwächer als ein Weib!

Das heißt ganz unverblümt: Selbst der Tod im Kampf mit einem Mann sei noch besser als das Leben unter der Lenkung einer Frau. Hölderlin hat diese Verse so übersetzt:

Denn mehr gilt's, muss es seyn, mit einem Mann zu fallen,
Dass nimmer wir genannt sein hinter Weibern!

Und Schadewaldt:

Besser –
Wenn es denn sein muss – einem Mann zu fallen,
Anstatt dass man uns Weibern unterlegen nennt.

Was soll Haimon antworten? Jede Äußerung zugunsten Antigones hat der Vaterkönig im Voraus als Hörigkeit definiert, schlimmer als der Tod in der Feldschlacht. Folgerichtig versucht der Sohn, auf ganz andere Ebenen der Argumentation zu gelangen. Aber der Alte sieht darin nur immer neue Beweise für die geheime Steuerung des Jungen durch die Frau.
Das Volk von Theben, meint Haimon, sei in großer Trauer um Antigone. Man sei überzeugt, dass sie die Strafe nicht verdiene. Es werde geklagt und gemurrt. Ein Einsehen solle der Vater haben und auch auf andere hören, nicht nur die eigene Meinung gelten lassen. Er solle nachgeben, weil einer allein nie die ganze Weisheit besitze. Das ist sehr vorsichtig gesprochen, respektvoll und wirklich nicht so, wie man sich die Redeweise eines missratenen Sohnes vorstellt. Der Vater sieht es aber anders und fährt gleich mit dem ältesten Gemeinplatz aller Familienzwiste auf. „Männer von meinem Alter sollen die Vernunft von einem lernen, blutjung so wie du?“ Und schon kommt er wieder zur Sache, zu *seiner* Sache: Aus Haimon rede der Wahnsinn jener Frau. Jedes Argument, das der Sohn vorbringt, wird als weibliche Erfindung hingestellt. Auch alle politischen Überlegungen Haimons wischt er mit diesem Trick vom Tisch. Der Sohn bezweifelt nämlich, dass ein Herrscher nur nach seiner Überzeugung regieren dürfe. Er müsse auch auf das Volk hören: „Das ist kein Staat, der Einem nur gehört.“Kreon aber denkt strikt absolutistisch. Wie der Vater über dem Sohn, steht der Fürst über dem Volk, steht der Mann über der Frau: „Hat mir das Volk zu sagen, wie ich herrschen muss?“ Und durchaus folgerichtig schließt er von einer Ebene der Insubordination auf die andere. Ein Sohn, der so zum Vater spricht, muss ein Mann sein, der die Frau mitreden lässt: „Der Knabe – scheint es – steht im Bunde mit dem Weib.“ Dies aber ermöglicht nun eine glänzende Parade des Sohnes: In dem Fall, meint er, wärst du das Weib, denn um dich ist es mir zu tun: „Wenn du das Weib bist. Dir gilt meine Sorge.“ Das trifft den empfindlichsten Punkt Kreons. Der Vaterkönig wird als Weib bezeichnet! Wie sehr ihn das verletzt, zeigt die Beschimpfung, zu der er nun anhebt: „Du Allerfrechster“ (Woerner), „du ganz Schlechter“ (Schadewaldt) schreit er ihn an und trifft endlich die volle Diagnose der Verkommenheit: „Scheusälige Mannsart, die so unters Weib sich stellt“; „schamlos Wesen“ übersetzen Hölderlin und Schadewaldt; „verdorbner Sinn“ heißt es bei Staiger; „verruchte Gesinnung“ bei Zink. Dieses endgültige Urteil: scheusälig, schamlos, verdorben, verrucht ..., findet also seine ausdrückliche Begründung in der angeblichen Konspiration des Sohnes mit der Frau. Missraten heißt die Männlichkeit verraten. Und dabei ist es weit weniger die Triebhaftigkeit, die vermutete sexuelle Verfallenheit, was als entscheidendes Gewicht in die Schale fällt, als die Anerkennung der intellektuellen und politischen Kompetenz der Frau. „Sklave eines Weibes“ schilt der Vaterkönig den Sohn und Bürger zuletzt und befiehlt die sofortige Hinrichtung Antigones: „Herbeigeschafft das Scheusal“. Und mit dieser Beschimpfung verbindet er gleich auch noch die Diffamierung der „untern Götter“, auf die sich Haimon und Antigone zu berufen wagten: „Ich schließ in einen Felsenschacht sie lebend ein (...). Dort mag sie, zu dem Gott der Toten betend, (...) erkennen, dass es überflüssige Mühe ist, zu ehren, was in dem Hades ist.“
Das ist furchtbare Blasphemie. Sie wird ihm das Genick brechen. Das Heilige, das er hier verhöhnt, wird wenig später in Gestalt des Sehers Teiresias gegen ihn antreten und seine schrittweise Vernichtung in die Wege leiten. Dennoch hat dieser Kreon Größe. Denn erst jetzt, in der Diffamierung des Heiligen, ist er ganz konsequent. Wohl ist es die tobende Passion, die ihn zum Äußersten treibt, aber er erreicht so einen Ort, auf den er von Anfang an ausgerichtet war. Erst jetzt vertritt er den unbedingt weltlichen Staat, das homo-

gene, aus dem Logos entwickelte Gesetz, vertritt er die männliche, zweckrationale Ordnung, vertritt er das kirchen- und priesterfeindliche Programm aller politischen Aufklärung. Darin ist Kreon durchaus ein „neuer Typ". Wofür er einsteht und fürchterlich büßt, hat Zukunft. Nichts ist bezeichnender als seine Antwort auf die Vorhaltungen des Priesters, der ihn beschuldigt, durch die Schändung des Toten die Götter erzürnt zu haben. Er begegnet ihm mit dem klassischen Ausfall des Aufklärers gegen die Kirche und ihre politischen Ansprüche: Ihr gebt euch heilig und seid doch nur auf Gewinn aus. Wie das 18. Jahrhundert gegen die Jesuiten, erhebt Kreon, dieser Joseph II. aus dem fünften vorchristlichen Jahrhundert, gegen die „Seherzunft", die „Gilde" der Priester, den Vorwurf der Verschwörung, der profitgierigen Konspiration: „(...) von dieser Gilde werd / Ich längst, wie Ware, schon verfrachtet und verkauft." „Ist doch die ganze Seherzunft dem Gelde hold!"

Aus: Peter von Matt: Verkommene Söhne, missratene Töchter. Familiendesaster in der Literatur. , um die Anmerkungen des Autors gekürzt.

Eberhard Hermes: Anouilh: Antigone. Der zeitgeschichtliche Bezugsrahmen

Diese thematische Verschränkung der Frage nach dem Sinn des Lebens mit der Kritik politischen Handelns, dargestellt an einem bekannten Stoff aus der griechischen Tragödie, konnte in den Jahren, in denen das Stück entstand (1942) und aufgeführt wurde (1944), nicht ohne Beziehung auf die historischen Ereignisse bleiben. Die Deutschen hatten am 10.5.1940 ihren Angriff auf Frankreich begonnen, am 14.6. Paris kampflos besetzt und am 22.6. im Wald von Compiégne Waffenstillstand geschlossen. Die Franzosen mussten abrüsten, eine französische Regierung durfte im unbesetzten Südfrankreich in Vichy amtieren. Am 10.7. wurde Marschall Pétain (1856–1951), der schon vorher als stellvertr. Ministerpräsident gegen eine Fortsetzung des Krieges mit Deutschland gestimmt hatte, zum Staatspräsidenten gewählt und mit besonderen Vollmachten ausgestattet. Er war antiparlamentarisch eingestellt und regierte in autoritärem Stil. Es gab eine enge Zusammenarbeit mit den Deutschen (‚collaboration') und sogar ein Treffen Hitler-Pétain am 24.10.1940 in Montoire. Für die Franzosen war die Niederlage und Besetzung ein ‚débâcle', in dessen Bewertung sich die Geister schieden. Nach der Landung der Briten und Amerikaner in Marokko und Algerien unter Eisenhower wurde am 11.11.1942 auch Südfrankreich von den Deutschen besetzt. Die französische Flotte vernichtete sich am 27.11.1942 in Toulon selbst. In diesem ereignisreichen Jahr hatte ein deutscher Offizier, der vermutlich Anouilhs ‚Antigone' für eine langweilige Sophokles-Bearbeitung hielt und sich eine intensivere Lektüre ersparte, dem Stück ein Unbedenklichkeitszeugnis ausgestellt. Es ist die Frage, ob er bei genauerem Lesen die Anspielungen erfasst hätte, mit denen Anouilh auf den historischen Kontext eingegangen war. Die Franzosen, welche das ‚débâcle' als ein Problem ihres Landes und ihrer Geschichte erlebten, besetzten den Text mit Konnotationen, die Anouilh einerseits vorsichtig zu provozieren verstand. Wenn Kreon die Weltordnung ein wenig vernünftiger, weniger absurd, gestalten möchte, wenn er seine Volksbeglückungsideologie entwirft, wenn er um Verständnis wirbt, wenn er einräumt, als junger Mensch ein Idealist gewesen, nun aber ein Pragmatiker und Realpolitiker zu sein, so gibt Anouilh mit dieser Figur der ‚Neuen Ordnung', wie sie von Vichy aus als Erziehung zu normalen Tugenden propagiert wird, Ausdruck, zeichnet in ihr die Realismus-Ideologie und den Autoritätsglauben des Pétain-Regimes nach, spiegelt in Kreons Verhalten gegenüber Antigone die Vorgehensweise des französischen Establishments gegenüber dem aufkommenden Jugendprotest.

Insofern ist das Stück als Zeugnis des abbröckelnden Konsenses über Pétain als Garanten der Ordnung anzusehen. Wenn Kreon zum ‚Ja zum Leben' aufruft, so muss der zeitgenössische Franzose an die in vielen Zeitungen veröffentlichten Aufforderungen denken, zur Neuen Ordnung des besetzten Frankreich ‚Oui' zu sagen. Wenn die Erziehungspersonen und auch die eigene Schwester Antigone darum bitten, doch zu „verstehen", dass Wohlverhalten nötig sei, wird er an Artikel erinnert, in denen über ‚Collaboration' diskutiert wird, von denen einer den Titel trägt: „Français, il faut comprendre" („Franzose, du musst verstehen"). Für sich genommen, sind diese Anspielungen auf gängige Schlagwörter vielfältig deutbar, erscheinen harmlos, erregen die Aufmerksamkeit des deutschen Zensors nicht. Je nach der politischen Einstellung des französischen Zuschauers können sie jedoch durchaus dazu führen, dass Anouilhs Stück in der einen oder anderen Weise als politisches Signal verstanden wird. Es gibt eine Briefstelle, in der Anouilh selbst erklärt, dass die Frage Kreons an Antigone: „Hast du die Anschläge an allen Mauern der Stadt nicht gelesen?" (35) als Anspielung auf die vielen Bekanntmachungen (Avis) der Besatzungsmacht an den Pariser Mauern über vorgenommene Geiselerschießungen gedacht war. Anouilh, der Dichter dieses Widerstandsstücks, war kein Mitglied der Widerstandsbewegung (‚résistance'), hatte sogar Gegner in ihr. In seinen ‚Erinnerungen' erzählt er von der Uraufführung am 4.2.1944 im Théâtre de l'Atelier, welche von der deutschen Zensur beanstandet wurde, wegen des vorliegenden Unbedenklichkeitszeugnisses von 1942 aber straflos durchging. Es wurde im ungeheizten Theater bei Tageslicht gespielt, das durch ein zu diesem Anlass frisch geputztes Glasdach einfiel. Denn es herrschte Stromsperre. Die Zuschauer waren in Wolldecken gehüllt. Während der Vorstellung und auch eine Weile, nachdem der Vorhang gefallen war, blieb es beängstigend still. Doch plötzlich brach eine nicht endenwollende Ovation aus. Von diesem Tag an wurde die ‚Antigone' Anouilhs meistgespieltes Stück. Es ist eigenartig, wie kontrovers die Öffentlichkeit das Stück beurteilte. Eine Untergrund-Zeitung bezeichnete die ‚Antigone' in Paris als ein schändliches Stück, das jemand von der Waffen-SS geschrieben habe. In Berlin wurden die Behörden darauf aufmerksam gemacht, dass man in Paris ein Stück spiele, das eine demoralisierende Wirkung auf die in dieses Theater strömenden Wehrmachtsangehörigen haben könne. Auch bei Wiederaufführungen nach der Befreiung der Hauptstadt, als nur die Farbe der Uniformen im vollen Zuschauerraum eine andere war, gab es diese unterschiedliche Reaktion auf das Stück. Entscheidend war damals, dass der Militärgouverneur von Paris, der französische General Koenig, das Stück „wunderbar" fand (48, 177–182). Die politischen Zwänge der Besatzungszeit, unter denen Anouilhs ‚Antigone' entstanden ist, und die dramatische Kunst, mit der ihr Autor auf diese Bedingungen zu reagieren verstand, haben das Entstehen eines Tendenzstücks verhindert. Vielmehr hat Anouilh seine Themen so behandelt, dass sein Stück von ganz unterschiedlichen Voraussetzungen her erfasst werden und in vielfältiger Weise gedeutet werden kann.

Aus: Eberhard Hermes: Interpretationshilfen. Der Antigone-Stoff: Sophokles, Anouilh, Brecht, Hochhuth. Stuttgart Ernst Klett Verlag 1992, S. 89–91.

Existenzialistische Menschenbilder: Kreon und Sisyphos

Kreons Lebensentwurf erinnert in einigen Zügen an den eines anderen Helden des Absurden, des Sisyphos aus Albert Camus' (1913–1960) philosophischem Essay „Der Mythos von Sisyphos" (1942).

Albert Camus: Der Mythos von Sisyphos

Die Götter hatten Sisyphos dazu verurteilt, unablässig einen Felsblock einen Berg hinaufzuwälzen, von dessen Gipfel der Stein von selbst wieder herunterrollte. Sie hatten mit einiger Berechtigung bedacht, dass es keine fürchterlichere Strafe gibt als eine unnütze und aussichtslose Arbeit.

Wenn man Homer Glauben schenken will, war Sisyphos der Weiseste und Klügste unter den Sterblichen. Nach einer anderen Überlieferung jedoch betrieb er das Gewerbe eines Straßenräubers. Ich sehe darin keinen Widerspruch. Über die Gründe, weshalb ihm in der Unterwelt das Dasein eines unnützen Arbeiters beschert wurde, gehen die Meinungen auseinander. Vor allem wirft man ihm eine gewisse Leichtfertigkeit im Umgang mit den Göttern vor. Er gab ihre Geheimnisse preis. Egina, die Tochter des Asopos, wurde von Jupiter entführt. Der Vater wunderte sich über ihr Verschwinden und beklagte sich darüber bei Sisyphos. Der wusste von der Entführung und wollte sie Asopos unter der Bedingung verraten, dass er der Burg von Korinth Wasser verschaffte. Den himmlischen Blitzen zog er den Segen des Wassers vor. Dafür wurde er in der Unterwelt bestraft. Homer erzählt uns auch, Sisyphos habe den Tod in Ketten gelegt. Pluto konnte den Anblick seines stillen, verödeteten Reiches nicht ertragen. Er verständigte den Kriegsgott, der den Tod aus den Händen seines Überwinders befreite.

Außerdem heißt es, Sisyphos wollte, als er zum Sterben kam, törichterweise die Liebe seiner Frau erproben. Er befahl ihr, seinen Leichnam unbestattet auf den Markt zu werfen. Sisyphos kam in die Unterwelt. Dort wurde er von einem Gehorsam, der aller Menschenliebe widersprach, derart aufgebracht, dass er von Pluto die Erlaubnis erwirkte, auf die Erde zurückzukehren und seine Frau zu züchtigen. Als er aber diese Welt noch einmal geschaut, das Wasser und die Sonne, die warmen Steine und das Meer wieder geschmeckt hatte, wollte er nicht mehr ins Schattenreich zurück. Alle Aufforderungen, Zornausbrüche und Warnungen fruchteten nichts. Er lebte noch viele Jahre am Golf, am leuchtenden Meer, auf der lächelnden Erde und musste erst von den Göttern festgenommen werden. Merkur packte den Vermessenen beim Kragen, entriss ihn seinen Freunden und brachte ihn gewaltsam in die Unterwelt zurück, in der sein Felsblock schon bereitlag.

Kurz und gut: Sisyphos ist der Held des Absurden. Dank seinen Leidenschaften und dank seiner Qual. Seine Verachtung der Götter, sein Hass gegen den Tod und seine Liebe zum Leben haben ihm die unsagbare Marter eingebracht, bei der jedes Wesen sich abmüht und nichts zustande bringt. Damit werden die Leidenschaften dieser Erde bezahlt. Über Sisyphos in der Unterwelt wird uns nichts weiter berichtet. Mythen sind dazu da, von der Fantasie belebt zu werden. So sehen wir nur, wie ein angespannter Körper sich anstrengt, den gewaltigen Stein fortzubewegen, ihn hinaufzuwälzen und mit ihm wieder und wieder einen Abhang zu erklimmen; wir sehen das verzerrte Gesicht, die Wange, die sich an den Stein schmiegt, sehen, wie eine Schulter sich gegen den erdbedeckten Koloss legt, wie ein Fuß ihn stemmt und der Arm die Bewegung aufnimmt, wir erleben die ganz menschliche Selbstsicherheit zweier erdbeschmutzter Hände. Schließlich ist nach dieser langen Anstrengung (gemessen an einem Raum, der keinen Himmel, und an einer Zeit, die keine Tiefe kennt) das Ziel erreicht. Und nun sieht Sisyphos, wie der Stein im Nu in jene Tiefe rollt, aus der er ihn wieder auf den Gipfel wälzen muss. Er geht in die Ebene hinunter.

Auf diesem Rückweg, während dieser Pause, interessiert mich Sisyphos. Ein Gesicht, das sich so nahe am Stein abmüht, ist selber bereits Stein! Ich sehe, wie der Mann schwerfälligen, aber gleichmäßigen Schrittes zu der Qual hinuntergeht, deren Ende er nicht kennt. Diese Stunde, die gleichsam ein Aufatmen ist und ebenso zuverlässig wiederkehrt wie sein Unheil, ist die Stunde des Bewusstseins. In diesen Augenblicken, in denen er den Gipfel verlässt und allmählich in die Höhlen der Götter entschwindet, ist er seinem Schicksal überlegen. Er ist stärker als sein Fels.

Dieser Mythos ist tragisch, weil sein Held bewusst ist. Worin bestünde tatsächlich seine Strafe, wenn ihm bei jedem Schritt die Hoffnung auf Erfolg neue Kraft gäbe? Heutzutage arbeitet der Werktätige sein Leben lang unter gleichen Bedingungen, und sein Schicksal ist genauso absurd. Tragisch ist es aber nur in den wenigen Augenblicken, in denen der Arbeiter bewusst wird. Sisyphos, der ohnmächtige und rebellische Prolet der Götter, kennt das ganze Ausmaß seiner unseligen Lage: Über sie denkt er während des Abstiegs nach. Das Wissen, das seine eigentliche Qual bewirken sollte, vollendet gleichzeitig seinen Sieg. Es gibt kein Schicksal, das durch Verachtung nicht überwunden werden kann.

Wenn man so zuweilen in den Schmerz hinabsteigt, dann auch in die Freude. Damit wird nicht zu viel behauptet. Ich stelle mir immer noch vor, wie Sisyphos zu seinem Stein zurückkehrte und der Schmerz wieder von Neuem begann. Wenn die Bilder der Erde zu sehr im Gedächtnis haften, wenn das Glück zu dringend mahnt, dann steht im Herzen des Menschen die Trauer auf: Das ist der Sieg des Steins, ist der Stein selber. Die gewaltige Not wird schier unerträglich. Unsere Nächte von Gethsemane sind das. Aber die niederschmetternden Wahrheiten verlieren an Gewicht, sobald sie erkannt werden. So gehorcht Ödipus zunächst unwissentlich dem Schicksal. Erst mit Beginn seines Wissens hebt seine Tragödie an. Gleichzeitig aber erkennt er in seiner Blindheit und Verzweiflung, dass ihn nur noch die kühle Hand eines jungen Mädchens mit der Welt verbindet. Und nun fällt ein maßloses Wort: „Allen Prüfungen zum Trotz – mein vorgerücktes Alter und die Größe meiner Seele sagen mir, dass alles gut ist." So formuliert der Ödipus des Sophokles (wie Kirilow[1] bei Dostojewski) den Sieg des Absurden. Antike Weisheit verbindet sich mit modernem Heroismus.

Man entdeckt das Absurde nicht, ohne in die Versuchung zu geraten, irgendein Handbuch des Glücks zu schreiben. „Was! Auf so schmalen Wegen ... ?" Es gibt aber nur eine Welt. Glück und Absurdität entstammen ein und derselben Erde. Sie sind untrennbar miteinander verbunden. Irrtum wäre es, wollte man behaupten, dass das Glück zwangsläufig der Entdeckung des Absurden entspringe. Wohl kommt es vor, dass das Gefühl des Absurden dem Glück entspringt. „Ich finde, dass alles gut ist", sagt Ödipus, und dieses Wort ist heilig. Es wird in dem grausamen und begrenzten Universum des Menschen laut. Es lehrt, dass noch nicht alles erschöpft ist, dass noch nicht alles ausgeschöpft wurde. Es vertreibt aus dieser Welt einen Gott, der mit dem Unbehagen und mit der Vorliebe für nutzlose Schmerzen in sie eingedrungen war. Es macht aus dem Schicksal eine menschliche Angelegenheit, die unter Menschen geregelt werden muss.

Darin besteht die ganz verschwiegene Freude des Sisyphos. Sein Schicksal gehört ihm. Sein Fels ist seine Sache. Ebenso lässt der absurde Mensch, wenn er seine Qual bedenkt, alle Götzenbilder schweigen. Im Universum, das plötzlich wieder seinem Schweigen anheimgegeben ist, werden die tausend kleinen, höchst verwunderten Stimmen der Erde laut. Unbewusste, heimliche Rufe, Aufforderungen aller Gesichter, bilden die unerlässliche Kehrseite und den Preis des Sieges. Ohne Schatten gibt es kein Licht; man muss auch die Nacht kennenlernen. Der absurde Mensch sagt Ja, und seine Mühsal hat kein Ende mehr. Wenn es ein persönliches Geschick gibt, dann gibt es kein übergeordnetes Schicksal oder zumindest nur eines, das er unheilvoll und verächtlich findet. Darüber hinaus weiß er sich als Herrn seiner Zeit. Gerade in diesem Augenblick, in dem der Mensch sich wieder seinem Leben zuwendet (ein Sisyphos, der zu seinem Stein zurückkehrt), bei dieser leichten Drehung betrachtet er die Reihe unzusammenhängender Taten, die sein Schicksal werden, seine ureigene Schöpfung, die in seiner Erinnerung geeint ist und durch den Tod alsbald besiegelt wird. Überzeugt von dem rein menschlichen Ursprung alles Menschlichen, ist er also immer unterwegs – ein Blinder, der sehen möchte und weiß, dass die Nacht kein Ende hat. Der Stein rollt wieder.

Ich verlasse Sisyphos am Fuße des Berges! Seine Last findet man immer wieder. Nur lehrt Sisyphos uns die größere Treue, die die Götter leugnet und die Steine wälzt. Auch er findet, dass alles gut ist. Dieses Universum, das nun keinen Herrn mehr kennt, kommt ihm weder unfruchtbar noch wertlos vor. Jeder Gran dieses Steins, jeder Splitter dieses durchnächtigten Berges bedeutet allein für ihn eine ganze Welt. Der Kampf gegen Gipfel vermag ein Menschenherz auszufüllen. Wir müssen uns Sisyphos als einen glücklichen Menschen vorstellen.

Aus: Albert Camus: Das Frühwerk. Deutsch von Hans Georg Brenner und Wolfdietrich Rasch.

- *Lesen Sie den Text von Camus und arbeiten Sie die Wesensmerkmale des absurden Helden heraus.*
- *In welchem Sinne kann man von einer Ähnlichkeit zwischen Sisyphos und Kreon sprechen?*

[1] Figur aus F. Dostojewskis Roman „Die Dämonen"

Alfred Döblin: Sein letzter Unterricht (1939)[1]

Morgens um einhalb neun Uhr fuhr Becker an der Schule vor. Den roten nüchternen Steinkasten zwischen den grauen Mietskasernen in einer engen Seitenstraße hatte er als Lehrer am 3. August 1914 verlassen. [...]

Vier Jahre war das alles aus Beckers Leben weggewischt gewesen, jetzt nahmen es seine Augen wieder auf. Ob es wieder an seinen alten Platz tritt? Bin ich jemand, der aus der Unterwelt wieder auftaucht, und wieder nichts? [...]

Nahe der Aula lag die Prima.

Die Klasse, fünfzehn junge Männer, erhob sich schweigend, als der Direktor in Begleitung eines unbekannten langen, blassen und viel jüngeren Herrn eintrat. [...]

Er stellte ihnen ihren neuen und eigentlichen Griechischlehrer vor: „Herr Dr. Becker hat der Schule, wie Sie aus Mitteilungen in der Aula und aus dem Schulprogramm wissen, große Ehre gemacht. Er ist aus dem Feld mit dem Eisernen Kreuz und leider auch schwer verletzt zurückgekehrt. Die schwere, nun behobene Verletzung hat ihn bis jetzt vom Unterricht ferngehalten. Machen Sie ihm, meine lieben Freunde, den Wiedereintritt in den Schulbetrieb durch Fleiß und ernste Arbeit leicht."

Die Klasse trampelte studentisch Beifall.

Becker begleitete den Chef zur Tür. [...]

Dann griff er nach dem Buch, das ihm der Direktor hinterlassen hatte, und der Unterricht begann: die ‚Antigone' von Sophokles. – Er hatte den Text gestern noch einmal durchflogen. Da die Lektüre des Stücks im Detail beendet war, sollte man sich jetzt ein Bild des Ganzen machen. Becker regte an, die Dichtung ‚Antigone' mit den beiden andern Dichtungen aus demselben Stoffkreis zu vergleichen, mit ‚König Ödipus' und ‚Ödipus auf Kolonos'.

Ein Rothaariger von der zweiten Bank, der sehr rasch und mit einer hohen piepsenden Stimme sprach, erzählte:

In ‚König Ödipus' und ‚Ödipus auf Kolonos' kämen zwar auch Frauen vor; in der ‚Antigone' sei aber eine Frau die Heldin. Es zeigte sich, dass dem Rothaarigen diese Heldin nicht gefiel. Sie verstieße gegen die Gesetze des Staates, und noch dazu während eines Krieges und zwar aus einem privaten Motiv, und demnach geschehe ihr ganz recht. Bei einer Tragödie müsse man nach Aristoteles Furcht und Mitleid für den Helden empfinden, wovon bei einer so unsympathischen Heldin von vornherein keine Rede sein könne. Ferner wäre da noch der Bräutigam des „ Mädchens" (der junge Mann nannte Antigone hartnäckig zum Vergnügen der Klasse das „Mädchen"), der Sohn des Königs Kreon. Dass der sich ihretwegen aufhänge, als eigener Sohn des Königs, wäre geradezu jämmerlich. Das Stück strotze von Sentimentalität.

Nach dieser vielversprechenden Einleitung kam es zur Debatte. Nur einer nahm sich der Antigone, des „Mädchens", an: Sie sei mutig, sogar enorm für ein Mädchen. Aber das „Mädchen" blieb verdammt.

Becker begriff: Diese Debatte sollte eine Huldigung für ihn sein. Man hielt es für nötig, Männlichkeit herauszukehren, und glaubte ihm, dem heimkehrenden Krieger, diese Haltung schuldig zu sein. [...]

Es herrschte keine große Begeisterung, sich überhaupt noch mit der Antigone zu befassen. Diese Kriegsgeneration lehnte das Stück als schwächlich und sentimental ab. Der Primus machte sich zum Sprachrohr der Klasse: „Antigone hat wirklich keine Sympathie bei uns. Ihr einer Bruder hat sich tapfer für seine Vaterstadt geschlagen, er ist gefallen und wird mit Ehren begraben. Das geht in Ordnung. Der andere Bruder war ein Verräter, der gegen seine Heimat eine große feindliche Armee mobilisierte. Das ist so, als wenn heute Spartakisten Frankreich einladen würden, Truppen hierher zu schicken, damit sie Deutschland unterkriegen. („Gut!", aus der Klasse). Wenn in dem Stück Polyneikes, der Rebell, bei seinem Versuch fällt, so tun die Thebaner recht, ihn auf dem Felde liegen zu lassen.

Becker: „Und seine Schwester Antigone?"

Schröter, der Primus: „Sollte ebenso denken. Sie ist selber Thebanerin und erwachsen genug, um zu wissen, was vorgeht. Selbst als Frau sollte sie das wissen. Kreon hätte nicht nötig, deswegen eine besondere Verfügung zu erlassen. Er tut es doch und trotzdem geht Antigone vor das Tor."

Es war sichtlich die allgemeine Auffassung. Sophokles mit seiner Schicksalsidee und seiner Heldin war hier glatt durchgefallen.

Der Primus meinte noch keck, Becker werde als Offizier und Soldat, der im Felde stand, sicher ihre Auffassung teilen.

Die Primaner hingen an seinen Lippen. Becker strich sich über Stirn und Wangen. Er ging die Klasse hinunter und lehnte am Fenster, die Arme übereinandergeschlagen.

„Sie haben mich gebeten, Ihnen von meinen Kriegserlebnissen zu sprechen. Ich kann in gewisser Hin-

[1] Die Passage ist entnommen aus: Alfred Döblin, November 1918. Döblin schrieb diesen umfangreichen Roman zwischen 1937 und 1943 im Exil.

sicht mein Versprechen schon jetzt erfüllen, wenn ich, ohne direkt vom Krieg zu sprechen, Ihnen meine Stellung zum Fall der Antigone darlege. Sie werden natürlich finden: Ich als Lehrer, der sein Unterrichtsfach und seinen Lehrstoff verteidigt, als Altphilologe, werde doch meinen lieben Sophokles nicht fallen lassen. Nein, es ist doch mehr.

In der vorigen Stunde konnten Sie sich mit der griechischen Schicksalsidee, der Erbschuld, nicht befreunden. Es ist aber die antike Idee. Der Mensch in der vorchristlichen Zeit empfand nicht wie wir, nicht so persönlich, so bewusst seiner Person, seines Ichs. Darum ist es auch mit dem Handeln eines antiken Helden etwas Besonderes. Die antiken Helden ringen förmlich darum, handeln zu können. Aber es gelingt ihnen nicht. Es gelingt ihnen nicht, ihr Ich zu erhaschen und seine Tat zu tun. Nun Antigone. Grade sie freilich können wir beinah ohne die alte Schicksalsidee erfassen, und das hat auch das Stück so frisch erhalten. Sie handelt, jedenfalls zunächst, völlig aus ihrem Gefühl heraus. Der Gefallene ist einfach ihr Bruder. Sie lässt sich in diesem Gefühl nicht beirren – und da kann der König dies oder jenes befehlen. Es ist ihr Bruder und sie hat die schwesterliche Pflicht, ihn zu betrauern und zu bestatten. Ihrem Gefühl folgend fordert sie den König heraus und verletzt willentlich und wissentlich das Staatsgesetz. Sie begeht also wirklich eine Tat in unserem Sinn und macht sich schuldig. Jetzt lassen Sie uns diese Tat betrachten."

Nun hob ein sehr erwachsener, breitschultriger und großköpfiger Bursche aus der Mitte der Klasse die Hand, August Schramm, Sohn eines linken Bezirksverordneten dieser Gegend, selber schon in Arbeiterorganisationen tätig, der „Rote" der Klasse. Er wollte zu der Tat Antigones etwas sagen. Er machte erst abfällige Bemerkungen über das Stück überhaupt: Fabeln aus der Urzeit, Vatermord, Blutschande, lauter Gräuel, finsterster Aberglauben.

Dann fuhr er fort: Aber Antigone stellt einen modernen Typ dar. Sie steht einem Tyrannen gegenüber und pariert eben nicht, wie einige hier gern möchten. Ihr Bruder ist gefallen, und dass er beerdigt wird, steht bei ihr fest, und das lässt sie sich nicht nehmen. Wenn der König es verbietet, so beweist das, was solche Tyrannen sich herausnehmen. Ob sie ein Weib oder ein Mann ist, bleibt dabei gehüpft wie gesprungen. Schlimm genug, dass sich in der Stadt keine Männer dafür finden."

Becker (er bemerkte die eisige Miene der andern): „Antigone vertritt also, wenn ich Sie recht verstehe, das Recht der Person, des Individuums, gegenüber dem Staat?"

Schramm: „Das politische Recht des Unterdrückten gegen den Tyrannen. Und da stellt sich Sophokles auf ihre Seite. Und wenn das Stück so berühmt ist, so kommt es daher, dass es, wie Schillers ‚Wilhelm Tell', zur politischen Freiheitsdichtung gehört." Der Rothaarige hakte ein (man merkte, diese beiden waren unversöhnliche Gegner): „Antigone ist ein Weib, das nicht die mindeste Ahnung davon hat, was ein Staat ist. Dass man sich seine Gefühle zu verkneifen hat, wenn es um die Allgemeinheit geht und dass sich manche sogar für den Staat opfern, das geht in ihren kleinen Gehirnkasten nicht hinein. Sie kann nur wie ein Schlosshund jaulen, nachdem man ihr auf den Fuß getreten hat. Es ist eigentlich eine ausgefallene Idee, eine solche Person, die ihrer Umgebung mit ihren Gefühlen Schwierigkeiten bereitet und die imstande ist, alle zu gefährden, zu einer tragischen Heldin aufputzen zu wollen."

Hinten rief einer bestätigend: „Sie ist bloß lächerlich."

Becker rang verzweifelt die Hände: „ Es wird immer schlimmer."

Man lachte. [...]

Becker, wieder an seinem Pult, schloss: „Man sieht also: Antigone folgt mit ihrer Tat keinem blinden Impuls, sondern lässt sich von allgemein anerkannten, sittlichen, religiösen Vorstellungen leiten. Antigone kämpft überhaupt nicht. Sie fühlt sich als ein Instrument. Sie dient dem göttlichen Gesetz. Sie ist ihm auf Gedeih und Verderb verbunden. Und damit leitet sie, ohne es zu wissen, auch die Auflösung des schrecklichen Erbfluches ein. Sie unterwirft sich dem göttlichen Gebot." [...]

Man saß still. Keiner wusste etwas zu sagen. Man nahm es an, aber lau. Man wusste im Augenblick noch nicht, wie sich dazu stellen. Das alles lag sehr abseits. Es konnte stimmen, aber wen ging es etwas an? Antike Sitten bei einer Leichenbestattung, und eine Frau regt sich dabei auf und beruft sich auf ein ungeschriebenes Gesetz in ihr. Eigentlich komisch.

Wieder meldete sich der feine glatte Schröter, der Primus, um mit seiner gleichmäßig ruhigen, kalten Stimme zu bemerken: „Ohne die Richtigkeit dieser Lehre von dem ungeschriebenen Gesetz antasten zu wollen, möchte ich doch die Frage stellen: Wie weit kommt man damit? Der Staat muss sich doch auf etwas verlassen. Er muss mit klaren, geschriebenen Paragraphen arbeiten, die ein für allemal festgesetzt sind. In den Paragraphen eines geschriebenen Gesetzbuches drückt sich die Moral eines Volkes aus. Man darf unter keinen Umständen einem Bürger die Möglichkeit geben, und noch dazu in Kriegszeiten, sich auf göttliche Eingebungen zu berufen, die ihm zuteil geworden wären, womit er das ganze Staatsleben in Unordnung bringen kann." [...]

Becker blickte auf den feinen intelligenten Primus, das Herrchen, das dasaß und sich nichts anmerken ließ. Er bezwang sich. Diese Generation hat nichts gelernt. Wann würden sie wohl lernen? Wodurch? Wie tief musste das Messer schneiden, bis sie Schmerz empfan-

den? Und ohne dass er wusste, warum, kam er auf den Krieg zu sprechen, ein Plädoyer in eigener Sache:
„Nehmen Sie ein praktisches Beispiel. Keiner von uns, die 1914 ins Feld zogen, warf die Frage auf: göttliches Recht oder Staatsrecht? Es war wie 1813, der König rief und alle, alle kamen. Wir waren Männer, wir hatten den Treueid geschworen und folgten der Fahne. Keiner von denen, die ich kannte, niemand, der auch nur einmal den Staat, unseren Staat kritisierte und sich von ihm als Einzelner absonderte. Keiner von uns zögerte, für ihn in den Tod zu gehen."
Man saß still. Erst einzelnes Trampeln. Dann trampelte die ganze Klasse.
„Wir gehorchten. Die Antithese: Individuum gegenüber dem Staat existiert aber dauernd im Frieden. Sie soll und muss existieren, da wir Träger des Staates sind. Bei Ausbruch eines Krieges müssen Sie sich über Ihr Verhältnis zum Staat völlig klar sein, um gut zu wissen: Dafür gebe ich mein Leben hin."
Becker begann jetzt sehr leise zu sprechen, den Blick auf die Pultplatte. Er stand zum ersten Mal als Christ unter Heiden und war gezwungen zu bekennen, auch wenn es zum Martyrium führte:
„Es ist ein furchtbares Ding, in die Hand des lebenden Gottes zu fallen. Das zeigte auch dieser Krieg." [...]
Er fügte noch hinzu, indem er den Ton wechselte – leise, wie vor sich gesprochen:
„Nun, wenn Sie sich jetzt vor die Frage stellen: Wie soll sich der Staat, unzweifelhaft eine Realität, zum Tod, einer andern Realität, verhalten, so werden Sie vielleicht vorsichtiger als vorhin antworten."
Die jungen Leute waren gespannt gefolgt. Sie fühlten dunkel, dass dies ein Erlebnis aus dem Feld war. Aber einige ärgerten sich und ärgerten sich auch über die Dummköpfe, die sich von Becker einfangen ließen. In dieser Weise konnte man die ganze geplante Schlacht verlieren.

Aus: Alfred Döblin: November 1918. Zitiert nach: Überschrift Deutsch. Arbeitsbuch Literatur und Kommunikation Sek. II, Hannover 1995 (Schroedel), S. 182ff.

Ulla Hahn: Die Hand die streichelt

Viele versuchten umsonst, das Freudigste
freudig zu sagen,
Hier spricht endlich es mir, hier in der
Trauer sich aus.
Friedrich Hölderlin

Wem war Antigone nah? Ihrem Vater
der seinen Vater erschlug? Ihrem Bruder
der seinen Bruder erschlug? Wer sprach zu ihr
mit stimmloser Stimme?
Wem war der Reichsbeamte nah? Der Frau
die leuchtete wenn er sie ansah
Den Kindern wenn er sie vorm Schlafengehen küsste
Wer sprach zu ihm?

Die Hand die streichelt
folgt der Form des Körpers, ihr Liebkosen

Hilfloser als die Frau zu Hause und der Sohn
der älteste der eben in das zweite Schuljahr kam
Vierzehn Gesichter, nackt ohne Deckung Maske Macht
Forderten nicht und drohten nicht. Versprachen keine
Belohnung.

Die streichelnde Hand bedeckte den Leichnam
des Bruders mit Erde vor den Toren von Theben
Die streichelnde Hand fälschte vierzehn Pässe
für vierzehn Reisen nach Zürich

Was dachten sie? Antigone die Braut
kurz vor der Hochzeit. Der Reichsbeamte
der sich so gerne aus der Stadt ins Freie schlug
und mit den Kindern durch den Wald ans Meer

Es war im Sommer. Wind in den Zedern Pinien
den Eichen Linden. So ungestalt wie ein Gewölk
am Himmel dachten sie. Sie dachten nicht.
Weil man zum Denken Wörter braucht

Die sie nicht brauchten. Sie taten ihres wie
vom Stern getroffen ihr Wesen aufgelöst
im Hütersein des Bruders ins Offne strömend

Man mauerte Antigone in eine Höhle vor der Stadt
September hing mit reifen Früchten roten Beeren
schwer überm Hügel drin sie sich erhängte
Den Reichsbeamten trugen sie beim Morgengrauen
im April auf einer Bahre unter den Strang
Zwei haben ihn gehalten. So krank schon.
Ein Dritter legte ihm die Schlinge um den Hals.

Die Hand die streichelt löst in uns die
offene wehe wortlose raue Liebe
und ihre Asche klopft auf unserer Brust.

Für Hans von Dohnanyi (1902–1945)

Schauspieler mit Masken

Parodie einer „Antigone“: der die Antigone darstellende alte Mann reißt vor Kreon seine Maske herunter. Phylaken-Vase. 4. Jh. v. Chr.

Schauspieler (Satyrspiel) mit aufsetzbaren Masken, Rotfiguriger Volutenkrater, um 400 v. Chr. (Ausschnitt). (Neapel, Archäologisches Nationalmuseum)

Klausurvorschläge

Thema 1:

Thema: Antike und moderne Antigone-Figuren
Textauszug: Hochhuth: Die Berliner Antigone, S. 70–74

Aufgaben:

1. Im Unterschied zur antiken Vorlage geht es in Hochhuths Erzählung weniger um die Rechtfertigung der Bestattung des Bruders als um den Kampf der Protagonistin mit ihrer Todesangst. Weisen Sie das an konkreten Beispielen aus dem Text nach.
2. Annes Liebe zu Bodo spielt eine zentrale Rolle in der Erzählung. Vergleichen Sie ihre Beziehung zu Bodo mit der Haimons und Antigones bei Sophokles.
3. Antigone ist die Symbolfigur des Widerstands gegen eine von Männern repräsentierte Macht. Erörtern Sie die These unter Berücksichtigung der Männer- und Frauenrollen in der „Berliner Antigone". Beachten Sie dabei auch den Schluss der Erzählung.

Thema 2:

Thema: Antigones Tat
Textauszug: Sophokles: Antigone, V. 223–331

Aufgaben:

1. Analysieren Sie die Darstellung der Tat durch den Wächter. Beachten Sie dabei den Handlungskontext und die Redestrategie.
2. Untersuchen Sie, wie die Wächter und der Chor einerseits und Kreon andererseits auf Antigones Tat reagieren, und erklären Sie die Unterschiede.

Thema 3:

Thema: Vergleich der Briefe Annes und Antigones bei Hochhuth und Anouilh
Textauszüge: Hochhuth (Textausgabe S. 118f.); Anouilh (s. **Arbeitsblatt 16, S. 77**)

Aufgaben:

1. Entwerfen Sie einen vollständigen Brief Annes an Bodo auf der Grundlage der Informationen des vorliegenden Textauszugs (S. 118f.).
2. Vergleichen Sie anschließend Ihren Brief und den Textauszug mit der entsprechenden Szene aus Anouilhs „Antigone" (Arbeitsblatt 16). Erarbeiten Sie Ähnlichkeiten und Unterschiede zwischen beiden Szenen und ziehen Sie Schlussfolgerungen aus Ihrem Befund.

Thema 4:

Thema: Die Schlüsse der Werke von Anouilh und Hochhuth

Aufgaben:

1. Nehmen Sie an, Antigone und Anne befinden sich beide im Totenreich. In wessen Gesellschaft stellen Sie sich die beiden Frauen vor? Begründen Sie Ihre Wahl.
2. Vergleichen Sie Ihre Entwürfe jeweils mit den vorliegenden Textauszügen (T 1) und reflektieren Sie Ihren Befund.

3. Zeigen Sie, worin sich die „Konfiguration im Tod" bei Anouilh und Hochhuth unterscheidet. Untersuchen Sie, auf welche Weise der vorliegende Schlussteil (T 2) der Erzählung die im Epitaph vorgenommene „Konfiguration im Tod" vorbereitet.

4. Vergleichen Sie abschließend die beiden vorliegenden Schlussworte (T 3) und suchen Sie mit Hilfe der gewonnenen Ergebnisse die von Hochhuth gewählte Konfiguration zu erklären.

Den Aufgaben liegt ein Textarrangement zu Grunde:

Aufgabe 2: (T 1)
Anouilh: Antigone (Ausgabe Langen Müller, S. 62)[1]
Hochhuth: Die Berliner Antigone, Textausgabe S. 125, Z. 9ff.

Aufgabe 3: (T 2)
Hochhuth: Die Berliner Antigone, Textausgabe S. 122, Z. 17 bis Ende

Aufgabe 4: (T 3)
Anouilh: Antigone, Textausgabe S. 93, Z. 6 bis Ende
Hochhuth: Die Berliner Antigone, Textausgabe S. 124, Z. 36 bis Ende

Thema 5:

Thema: Anouilh: Antigone. Inszenierung
Vorlagen: Szenenbild aus einer Theateraufführung, Text der entsprechenden Szene

Aufgaben:

1. Interpretieren Sie das vorliegende Szenenfoto: Zeigen Sie auf, inwiefern sich wesentliche Aspekte der Szene auf der Orts-, Figuren- und Handlungsebene widerspiegeln.
2. Stellen Sie anschließend eine Verbindung zwischen dieser Szene und dem Ende des Dramas auf inhaltlicher und struktureller Ebene her.

Szenenfoto aus der Aufführung der Schaubühne München

Thema 6:

Thema: Der Vater-Sohn Konflikt
Textauszug: Sophokles: Antigone, V. 632–780

Aufgaben:

1. Interpretieren Sie die Rede Haimons unter besonderer Berücksichtigung der Leitmotive des Sehens, Hörens und Verstehens.
2. Interpretieren Sie den Schluss der Szene (V. 726–765). Welche Funktion hat die Szene im Zusammenhang der dramatischen Handlung?

[1] (T 1): Kreon, *der mit seinem* Pagen *bei den letzten Worten des* Boten *eingetreten ist:* Ich habe sie nebeneinanderlegen lassen. Sie sind jetzt gewaschen und sauber. Nur ein wenig bleich sind sie, aber ganz ruhig. Sie schlafen – wie zwei Liebende am Morgen ihrer ersten Nacht. Sie haben es hinter sich.

Thema 7:

Thema: Sophokles: „Antigone"
Zusatztext: Peter von Matt

In seiner Untersuchung literarischer Werke unter dem Thema „Familiendesaster in der Literatur"[1] beschäftigt sich der Zürcher Literaturwissenschaftler Peter von Matt auch mit der „Antigone" des Sophokles. Über Antigone schreibt er:

„Aus allen Argumenten und Ausbrüchen des Königs in dieser Szene wird deutlich, dass er in Antigone die Frau sieht, die das Herrschaftsmonopol des Mannes in Frage stellt. In ihr bedroht die Frau als Gattung, nicht als Einzelne, die Frau als Geschlecht, nicht als Charakter die politische Ordnung. [...] natürlich steckt in Sophokles' „Antigone" keine geschichtsphilosophische Reflexion im neuzeitlichen Sinn. Das Stück denkt nicht in den Kategorien eines Epochenwechsels. Sophokles hat nicht Hegel studiert und mit ihm die ganze Welt unter *einen* Prozess der gestuften Entwicklung gestellt. Dennoch zeichnen sich im Werk die Umrisse großer zivilisationsgeschichtlicher Abläufe ab.
Das wird unterstützt durch den mythologischen Kontext. Robert von Ranke-Graves vermutet, dass Antigones Vater, Ödipus, aus Athen vertrieben wurde, weil er die matrilineare Erbfolge, in der die Macht stets von den Müttern über die Töchter weitergegeben wird, durch eine patrilineare ersetzen wollte.[2] Das ist ein Zug nicht der Sophokleischen Tragödie, sondern des weitläufigen Komplexes der Ödipus-Mythen. Er vermag aber auf einen Schlag die Grandeur[3] in der Gestalt der Antigone zu erklären, ihren Stolz, ihre Sicherheit im Auftreten gegenüber Kreon, den Starrsinn auch, der dem des Königs keineswegs nachsteht. Die Wildheit, die in ihr steckt, bricht ja schon in ihrem ersten Gespräch mit der Schwester durch, wie denn die Kontrastierung zu Ismene überhaupt den Zweck hat, die Unbeugsamkeit Antigones vor Augen zu rücken. Als Tochter des Ödipus und der Jokaste würde sie nach dem älteren Brauch, den Ranke-Graves erwähnt, die Macht von der Mutter her selbst gewinnen, oder diese ginge doch über sie an ihren Mann. In solcher Perspektive vertritt sie der unbedingten Patriarchalität und Patrilinearität Kreons gegenüber ein älteres Recht. Sobald man dies in Rechnung stellt, erklärt sich unverhofft die maßlose Gereiztheit des Königs gegenüber jeder Andeutung von weiblicher Selbstbestimmung und Handlungsfähigkeit."

Aufgaben:

1. Fassen Sie die wesentlichen Aussagen von Matts zur Figur der Antigone zusammen und erläutern Sie seine Thesen durch Beispiele aus dem Text. Beziehen Sie sich vor allem auf die Auseinandersetzung zwischen Kreon und Antigone (2. Auftritt).
2. Erörtern Sie von Matts Thesen und greifen Sie zur Stützung Ihrer Argumentation auf den Text zurück.

Thema 8:

Langgässer: Die getreue Antigone
Text: Textausgabe S. 127ff.

Interpretieren Sie die Kurzgeschichte von Langgässer:

1. Arbeiten Sie Parallelen in der Figurenkonstellation und den Handlungsmotiven zwischen antikem Drama und Kurzgeschichte heraus.
2. Analysieren Sie die Naturmetaphorik und interpretieren Sie sie als Spiegel des inneren Geschehens.

[1] Peter von Matt: Verkommene Söhne, missratene Töchter. Familiendesaster in der Literatur. © 1995 Carl Hanser Verlag, München-Wien, S. 109 und S. 116.
[2] Ranke-Graves: Griechische Mythologie. A. a. O., S. 342.
[3] frz.: Größe

Thema 9:

Thema: Hochkultur und Bildungskanon
Text: Joachim Kaiser: Winnetou oder die Mondscheinsonate (Zusatzmaterial 11, S. 124f.)

Aufgaben:

1. Analysieren Sie den Essay Joachim Kaisers.
2. Kaisers Wertschätzung der Hochkultur lässt sich mit der Position anderer Schriftsteller verschiedener Epochen über die Rolle der Literatur vergleichen. Konkretisieren Sie das an einem Beispiel Ihrer Wahl.
3. Nehmen Sie abschließend Stellung zu Kaisers Thesen, indem Sie auf Ihre eigene Erfahrung im Umgang mit Literatur zurückgreifen.

Thema 10:

Thema: Antigones Botschaft
Text: Dorothee Sölle (1929–2003)
Antigone ist fortgegangen. Zum Volkstrauertag (1965) (Zusatzmaterial 12, S. 126f.)

Die (gekennzeichneten) Kürzungen beeinträchtigen nicht das Gesamtverständnis des Textes.

Aufgaben:

1. Analysieren Sie Dorothee Sölles Essay aus dem Jahre 1965. Berücksichtigen Sie dabei insbesondere Ihren Umgang mit dem Antigone-Mythos.
2. Entwerfen Sie – im Jahre 2005 – als Mitglied der SV vor dem Hintergrund von Dorothee Sölles Essay eine Rede für eine schulische Gedenkveranstaltung zum Volkstrauertag.

Joachim Kaiser: Winnetou oder die Mondscheinsonate

Über das immerwährende Bedürfnis nach Ausdruck, der Eindruck macht. Wird es den gegenwärtigen Bildungs-Kanon im nächsten Jahrhundert noch geben? Und wenn ja: Wie wird die Hochkultur dann aussehen?

Von Joachim Kaiser[1]

Im Jahre 425 vor Christus wurde in Athen der „König Oedipus“ uraufgeführt. Sophokles bietet da Finster-Fürchterliches. Schicksalsgedrungen sucht der stolze Oedipus nach einem verfluchten Mörder, findet am Ende sich selbst. Eine archaische Kriminal-Geschichte, die – so stellt die Tragödie es dar – sich vor dem königlichen Palast in Theben zugetragen habe.

Bei der Uraufführung im damals üblichen Rahmen eines antiken Dramen-Wettbewerbs bekam der 70-jährige Sophokles für die Oedipus-Tragödie keinen Preis. Trotzdem hatte sein Werk bemerkenswerte Folgen. [...] Im 17., 18., 19. und 20. Jahrhundert wurden sodann – vor allem von französischen und deutschen Autoren – zahlreiche Nachdichtungen der schaurigen Story unternommen.

Freilich erschöpft sich damit die Wirkungs-Geschichte des Sophokles-Dramas keineswegs. Um 1910 erscheint der Ausdruck „Oedipus-Komplex“ erstmals in Sigmund Freuds Schriften. Und zwar als ein psychoanalytischer Begriff, der die nicht bewusste sexuelle Zuneigung des Sohnes zur Mutter, samt tödlichem Hass auf den Vater, auf diese bald sehr populär werdende Formel brachte. [...]

Beklemmend ist das alles. Um einen hübschen Musical-Song zu variieren: „Schlag nach bei Sophokles, da steht alles drin.“ Bereits eine knappe, erinnernde Reflexion macht anschaulich, wie vielfältig und dauerhaft eine einzige Sophokles-Tragödie Kultur und Bewusstsein des Abendlandes durchdringt. Bis hin zu Gide, Cocteau, Anouilh, Heiner Müller und Max Frisch, dessen Roman „Homo faber“ den Oedipus-Stoff süffig als Verhängnis eines kühlen, modernen Wissenschaftlers erzählt. [...]

Ähnliche, meist kaum bemerkte, weil selbstverständlich gewordene Weiterwirkungen über Jahrtausende oder Jahrhunderte hin ließen sich auch anführen im Hinblick auf Homer, auf so manches andere Drama der Antike. [...] Alles das lebt, oder zumindest dauert immer noch. Muss man angesichts solcher Tatbestände die Sorgen mancher, meist älterer Kultur-Träger überhaupt ernst nehmen? Das Gejammer von Geisteswissenschaftlern oder Lehrern, die von der Lese- und Konzentrationsschwäche ihrer Schützlinge betroffen sind? [...] Spricht man mit betagten Schauspielern, Regisseuren, Theatermenschen, so begegnet man fast ausnahmslos einem ebenso wütenden wie hilflosen Pessimismus – falls von Versdramen die Rede ist, von entschwundener Sprechkultur oder einer Darbietungsart, die sich nicht dabei befriedigen dürfe, einem jungen Publikum Tragödien in flott wiederholungssüchtigem, realistischem Boulevardton als hübsche Event-Kunst „nahezubringen“.

Kulturpessimismus sowie die Angst vor Verflachung, Verschleuderung oder Versteppung des Überkommenen gehören zweifellos seit jeher zur Sache im Bereich der Schönen Künste. [...]

Nur: [...] diese Klageroutine darf niemanden ablenken von Veränderungen und Bedrohungen, die offensichtlich neu sind. Sie hängen zusammen mit der bewusstseinsverändernden Wirkung unserer modernen technischen Angebotswelt: den Computerspielen, den Surf-Verführungen, den TV-Versuchungen, welchen so viele Jüngere geradezu zwanghaft ausgesetzt zu sein scheinen. Wer sich von alldem sein (pubertätstypisches) Lesealter wegflimmern lässt, braucht darum gewiss kein unglücklicher oder unwissender Mensch zu sein oder zu werden. Doch ob er dabei eine Beziehung zur „Oedipus“-Tragödie, zu den „Wahlverwandtschaften“, zur „Winterreise“, zum „Zauberberg“ entwickeln kann, das ist beunruhigend die Frage.

Es könnte ein Klima entstanden sein oder entstehen – um es ganz vorsichtig zu formulieren –, welches bewirkt, dass große Kunst (mit alldem, was sie fordert an Konzentration, Vorbildung, Geduld, Hingabe) nicht mehr Passion einer qualifizierten Minderheit wäre, sondern bloß noch Sekten-Vergnügen, abseitige Spezialität. [...]

Freilich: Der Kanon wehrt sich. Die Spielpläne von Schauspiel- und Opernhäusern legen – genauso wie bizarre Umfragen, welche fünf wichtigsten Texte ein Abiturient gelesen haben sollte – durchaus den Schluss nahe, dass zumindest die Vorstellung, die Idee von der Existenz kanonbildender Werke im Kultur-Bewusstsein der meisten Theaterfreunde und Intellektuellen existiert. [...]

Oben wurden einige Fakten über die fortdauernde Wirkung des „König Oedipus“ zusammengetragen. Doch: Dass wir die Beziehung zum (man weiß keineswegs genau was *singenden* und in welcher Weise *tan-*

[1] J. Kaiser, geb. 1928, Musik- und Theaterkritiker, em. Professor an der Staatlichen Hochschule für Musik und darstellende Kunst in Stuttgart.

zenden) antiken Chor mittlerweile fast völlig verloren haben, dass die Funktion der Masken uns weithin unbegreiflich, die rhetorischen Überlängen advokatorischer Monologe uns schrecklich langweilig, die Menschen verbindenden Rituale des zu diesen Tragödien gehörenden Dionysos-Festes uns ewig fremd sind: All das belegt, welche riesigen Fernen die eigentümliche Dynamik solcher tragischen Kunst durchstoßen muss, um uns irgendwie zu treffen. Womöglich lassen radikale Neu-Fassungen immer noch mehr von der Kraft des Originals ahnen als beflissen hilflose Übersetzungen. [...]

Ein ewig menschliches Bedürfnis nach Erzählungen und Geschichten, nach Freiem und Fantastischem mag existieren. [...]

Ob aber differenziert gestaltete Hochkultur auch so ein ewiges anthropologisches Bedürfnis ist? W. A. Auden hat einmal ein bezauberndes Gedicht geschrieben, in dem er darlegt, wie die Menschen des übernächsten Jahrhunderts, die sich vielleicht aus Tuben nähren, komisch gekleidet sind, seltsames Geld benützen, nunmehr Gruppenehen führen und in schwebenden Nylonwürfeln hausen, wie solche Menschen gleichwohl „Zauberflöten"-Aufführungen hören werden und sich darüber Gedanken machen, ob es auch sauber gewesen sei, das hohe F der „Königin der Nacht". [...]

Hoffentlich, hoffentlich behält Auden Recht. Das kann nur geschehen, wenn jene, die als Ausübende oder als Vermittler „Kunst" für lebenswichtig erachten, inständig versuchen – und zwar ohne kokette Resignation, ohne achselzuckenden Relativismus oder versnobte Selbstsucht –, einer jüngeren Generation leidenschaftlich zu verdeutlichen, was auf dem Spiele steht.

In: Süddeutsche Zeitung, Nr. 234, vom 9./10. Oktober 1999

Anmerkungen:

Titel: Mondscheinsonate: Sonate von Ludwig van Beethoven
Z. 30: Gide, Cocteau: französische Schriftsteller des 20. Jh.
Z. 69: „Wahlverwandtschaften": Roman von Johann Wolfgang von Goethe
Z. 69: „Winterreise": Liederzyklus von Franz Schubert
Z. 70: „Zauberberg": Roman von Thomas Mann
Z. 107: W. A. Auden: englischer Dichter (1907–1973)

Dorothee Sölle[1]: Antigone ist fortgegangen. Zum Volkstrauertag

Was sind das für Tote, um die das Volk am Trauertag trauert? Trauer ist zunächst eine persönliche Sache, ein Akt von Einzelnen, der für Einzelne geschieht. Die Menschen, um die getrauert wird, haben Eltern und Geschwister, Frauen und Kinder, Freunde und Lehrer zurückgelassen. Jeder Tote ist irgendjemandes Kind. Aber dieser Kreis der privaten Trauer soll heute überschritten werden, der Trauertag soll auch der Allgemeinheit ein Bewusstsein ihrer Toten geben. Es sind Tote der Nation, an die wir zunächst denken; in ihren Kreis gehören gerade die, an die sich niemand mehr erinnert – der gefallene, einzige Sohn einer Witwe, die unterdessen gestorben ist, das auf der Flucht erfrorene Kind, dessen Eltern beim Einmarsch der Roten Armee erschossen wurden, die verbrannten Familien in den Städten, alle die also, um die kein Einzelner mehr trauert.

Ich gebrauche den Begriff der Nation, weil ich diejenigen Deutschen, die glauben, dass sie niemanden zu beweinen haben, einbeziehen möchte – die Toten sind unser aller Tote. Ich würde mich schämen, diesen Begriff hinsichtlich der Gestorbenen selber zu gebrauchen, weil es keine deutschen, russischen oder jüdischen Toten gibt. Wir können sagen, „dort liegt ein toter Pole", aber die Sprache verbietet zu sagen, „ein polnischer Toter oder deutsche Tote". Die nationalen Unterschiede verblassen vor dem Tod. Sie sind den Toten unangemessen. So wären die Toten der Nation, diejenigen, um die wir – als Nation – trauern und nicht: Tote deutscher Nationalität. Anders gesagt, die Nation ist das Subjekt der Trauer, nicht ihr Objekt. Wer ist aber dann das Objekt der Trauer? Wer ist das eigentlich – unsere Toten?

Ich denke heute an meinen ältesten Bruder, der vor zwanzig Jahren in russischer Gefangenschaft war, entlassen werden sollte, und der auf dem Transport nach Hause im Güterwaggon an Ruhr gestorben ist. Er wäre, wie ungezählte andere, leicht zu retten gewesen – und die natürliche Reaktion auf diesen Tatbestand ist Bitterkeit und Hass. Ich halte es nicht für gut, wenn diese Gefühle durch die Zeit abgeschliffen werden und der dumpfen Resignation – „es war eben Krieg" – weichen. Es gibt einen anderen Weg, auf dem Trauer sich verändert. Ich kann nicht mehr in der gleichen Weise an meinen Bruder denken, seit ich das Schicksal der russischen Kriegsgefangenen in den deutschen Lagern kenne: Von 5,7 Millionen Gefangenen haben nach den höchsten Schätzungen 1,8 Millionen Menschen überlebt, fast vier Millionen sind verhungert oder ermordet worden.

Auch diese Russen, die bei Krupp oder bei der Reichsbahn gearbeitet haben, die in den Städten und Landschaften lebten und starben, die sich für mich mit dem Wort Heimat verbinden, auch diese also sind meine, sind unsere Toten. Ich weiß, dass irgendwo in der Ukraine eine Schwester um ihren Bruder trauert, der in Deutschland verscharrt ist, und der, wie mein Bruder, lieber gegessen, geküsst und studiert hatte. „Unsere" Toten – ich kann das Wort nur noch mit Doppelsinn hören –, es sind die uns Gestorbenen, und es sind die, die an uns gestorben sind. [...]

Was ist das für eine Trauer, die das Volk am Trauertag um seiner Toten willen bezeugt? Es ist vergessene, versäumte Trauer. In unserem alltäglichen Leben spielen die Toten eine im Vergleich zu früheren Zeiten erstaunlich geringe Rolle [...].

Die älteren Sitten der Beerdigung und der Trauer gehen von einem Mitdasein, einer Anteilhabe der Toten aus, ja in den Anfängen der menschlichen Geschichte müssen sich die Weiterlebenden gegen die Übergriffe der sie bedrohenden Toten gewehrt haben. Sie zahlten hohe Preise, um Frieden zu haben und um die unzufriedenen und grimmigen Toten zu versöhnen. Und noch der griechische Mythos bindet das Wohlergehen aller Bürger an die versöhnten, die befriedeten Toten.

Beerdigen bedeutet befrieden, zur Ruhe bringen, versöhnen. So konnte die Trauer um die Toten in früheren Zeiten ein Bestandteil des weitergelebten Lebens sein. Eben dies fehlt dem heutigen Bewusstsein. Wir gehen so mit den Toten um, dass wir sie vergessen und verdrängen.

Wenn beerdigen den ursprünglichen Sinn von versöhnen, befrieden hat, so können wir sagen: Unsere Toten sind nicht beerdigt. Es ist, als moderten sie unter den Eisdielen der wiedererstandenen Städte, die in Stalingrad Gebliebenen sind niemals nach Hause gekommen, und der Rauch von Auschwitz hängt über den Ländern. Die Toten kommen nicht zur Ruhe, solange wir ihnen nicht erlauben, uns ihre Frage zu stellen: Warum? Und für wen? Und solange wir diese Fragen verklingen lassen in ein dunkles Schicksal hinein, das keine Antwort gibt. Den Toten der Nation wird ihr Recht vorbehalten, das Recht, Fragen zu stellen.

Unbeerdigt, unbefriedet liegen sie da; sie haben keine Zukunft, keine wirkende Kraft für die Lebenden. [...]

Die Toten werden verdrängt, und wenn überhaupt etwas mit ihnen geschieht, so werden sie benutzt. In einem Leserbrief des Jahres 1965 steht: „Das deutsche Volk hätte überhaupt nichts zu bezahlen gehabt, weder auf die längere Sicht der vergangenen zwanzig

[1] Dorothee Sölle (1929–2003) – evangelische Theologin, Literaturwissenschaftlerin, Schriftstellerin.

Jahre noch für die Zukunft. Denn es hat gelitten wie andere.“ Das ist nicht die Meinung eines Einzelnen, es ist vielmehr typisch für die Art der Trauer, die hierzulande gepflegt wird: Weil wir gelitten haben, müssen wir nichts mehr bezahlen.

Leid und Schuld werden geschickt gegeneinander verrechnet, man benutzt das Leiden der Wehrlosen als eine Art Verdienst, als eine Abschlagszahlung auf die Schuld. In solchem Gerede wird unversehens die Schuld immer kleiner, das Leiden immer größer. Schließlich erscheint das, was von einigen unter Mithilfe aller angerichtet wurde, als ein Naturschicksal, das gleichermaßen Gerechte wie Ungerechte getroffen hat. So werden die Toten in der Trauer manipuliert: Man benutzt sie, um dem Denken zu entkommen, sie bereichern die Größe des Leidens. Leiden bekommt einen Marktwert: Wer hat mehr davon? Das ist hier die Frage, und es beruhigt sich selber, statt politisches Bewusstsein zu formen. Dass zweiundzwanzig Prozent der polnischen Bevölkerung im letzten Krieg ums Leben gekommen sind, wird vergessen und verdrängt, und zwar mithilfe anderer Toter, der aus den Bombennächten[1] zum Beispiel.

Was ist das für ein Volk, das am Trauertag um seine Toten trauert? Es ist ein Volk, das nach der größten nationalen Katastrophe seit dem Dreißigjährigen Krieg zu seiner eigenen Geschichte ein höchst gebrochenes und zwiespältiges Verhältnis hat: zwischen Verdrängung des Geschehenen und unverhohlener Sehnsucht nach dem Gewesenen – von der sauberen Leinwand bis zur Zwergschule[2]. Es wünscht sich Tradition, es verbirgt sich seine Geschichte. Es tut, als habe es seine Nachbarn nicht überfallen und in ein Meer von Blut und Tränen gestürzt, sondern als säße es ohne alle Aggressionen seit Jahrhunderten in ländlicher Heimat. In dieser Flucht vor der Geschichte und ihrem Bewusstsein ist das Volk, das am Trauertag um die Toten trauert, ein Volk ohne Tote, weil es sich selber die Toten verschweigt und sie ohne Antwort lässt. Es beerdigt sie nicht, es gibt den Toten nicht den Frieden, um den sie im Leben schon betrogen sind.

Ein Volk aber, das seine Toten nicht begräbt, ändert sich, es verliert sein Gesicht. Es spricht nicht mehr mit den Toten, und es verliert seine Sprache. Es hört sie nicht mehr, und es wird taub. Es sieht sie nicht mehr an, und es wird blind. Es hat kein Erbarmen mit ihnen und verliert darum das Erbarmen mit sich selber. Es nimmt den Toten ihr Recht und belügt die Lebenden über das Recht, indem es zum Beispiel ein Recht auf die Heimat[3] konstruiert, das nur für die, die zu einer bestimmten Zeit geboren sind vor 1945, gelten soll. Es vergisst die Hälfte der Toten, die unser sind, und es verdrängt die Stimme dieser Millionen.

Wer die eigene nationale Situation nicht annimmt, wer nicht wissen will, dass wir den Krieg zu Recht verloren haben, der lässt die Toten nicht zur Ruhe kommen. Was verlangen sie denn von uns? Was sagen sie denn? Sie, die um ihr Leben gebracht worden sind, bitten uns darum, dass sie nicht umsonst gestorben seien. Sie bitten, dass wir nicht Gebiete beanspruchen, die heute nur zu dem Preis zu haben sind, dass Menschen aufs Neue um ihre Arbeit und um ihr Leben gebracht werden. Sie bitten um Frieden.

Antigone, die griechische Königstochter, begrub einen Landesfeind, der ihr Bruder war, und machte König Kreon darauf aufmerksam, dass die Einteilung in Freunde und Feinde unter der Erde keinen Sinn mehr hat. Kreon, der das Recht und die Macht des Staates vertrat, warf ihr vor, dass sie den in Ehre gefallenen Bruder schände, wenn sie den anderen, den Emigranten und Verräter, ihm gleich behandele. In diesem Augenblick, einer dramatisch zugespitzten Situation, die mit der Verurteilung Antigones zum Tode endet, beruft sich Antigone darauf, dass auch der Tote, der die Stadt verteidigt hat, ihr Recht gibt, gegen den König, der diesen Toten für sich beansprucht. Antigone nimmt den toten Freund für den toten Feind in Anspruch; sie, die das eigene Nest beschmutzt, wie Kreon und seinesgleichen zu wiederholen nicht müde werden, stiftet und erinnert zugleich eine andere Ordnung, in der Freund und Feind nicht mehr die einzigen Unterscheidungsmerkmale der Menschen sind.

Was ist das für ein Land, in dem die Toten entrechtet sind und nicht zur Ruhe kommen? Es ist ein Land, aus dem Antigone fortgegangen ist. Es ist ein Land der unbegrabenen Toten. Da ist die Stimme der staatlich-technischen Vernunft, da ist Kreon, der die Toten überschreit, aber da ist keine Antigone mehr, die ihm beharrlich widerspricht. Die Toten sind unversöhnt, sie sind für nichts und niemanden gestorben, niemand tritt für die Wahrheit ein, um die sie in ihrem Leben gebracht und betrogen wurden. Niemand hat von ihnen gelernt, niemand hilft ihnen. Auch Gott kann ihnen nicht helfen, solange wir nichts für sie tun.

In: Atheistisch an Gott glauben. Beiträge zur Theologie. 3. Aufl. München: Deutscher Taschenbuch Verlag 1994, S. 125–131. (Originalquelle: Christ und Welt. November 1965)

---

1 Bombennächte – nächtliche Bombardierung (deutscher) Städte mit hoher Zahl von Opfern unter der Zivilbevölkerung

2 „von der sauberen Leinwand bis zur Zwergschule“ – In der Nachkriegszeit fand eine kritische Auseinandersetzung mit der jüngsten Vergangenheit sowohl in den Medien (stattdessen z. B. das Bild vom ‚sauberen Landser‘ im Kino) als auch in der Schule fast überhaupt nicht statt.

3 „Recht auf die Heimat“ – Sölle bezieht sich hier auf die Forderung von (deutschen) Vertriebenen (-verbänden) aus den ehemaligen deutschen Ostgebieten (insbesondere dem heutigen Polen und Tschechien) nach Neufestlegung der Grenzen, Rückkehrmöglichkeit und Rückerstattung vormaligen Besitzes.

Literaturverzeichnis

1. Textausgaben

Sophokles:
- Sophokles: Antigone. Übers. und hrsg. von W. Schadewaldt. Frankfurt a. M. 1974 (insel taschenbuch 70).
- Sophokles: Antigone. Übers. und hrsg. von Heinrich Weinstock. Mit Materialien, ausgewählt und eingeleitet von Hans-Dieter Reeker. Stuttgart 2003 (Klett).
- Sophokles: Antigone. Griech./Dt. Übers. und hrsg. von Norbert Zink. Stuttgart 1981 (Reclam 7682).
- Sophokles: Antigone. Übers. von Wilhelm Kuchenmüller. Stuttgart 1955 (Reclam 659).
- Giebel, Marion: Sophokles Antigone. Stuttgart 1992 (Reclam. Erläuterungen und Dokumente).

Anouilh:
- Anouilh, Jean: Antigone. Ins Deutsche übertragen von Franz Geiger. München, Wien 1993 (19. Aufl.) (Langen Müller).
- Anouilh, Jean: Antigone. Hrsg. von R. Müller. Bielefeld, Berlin, Hannover (o.J.) (Velhagen & Klasing).

Brecht:
- Brecht, Bertolt: Die Antigone des Sophokles. Materialien zur ‚Antigone'. Frankfurt a. M. 1971 (5. Aufl.) (edition suhrkamp 134).

Hochhuth:
- Hochhuth, Rolf: Die Berliner Antigone. Erzählungen und Gedichte. Stuttgart 1995 (Reclam 8346).

Langgässer:
- Langgässer, Elisabeth : Die getreue Antigone. In: Elisabeth Langgässer: Erzählungen. Düsseldorf 1964 (Claassen), S. 74–77.

Böll:
- Böll, Heinrich: Werke: Hörspiele, Theaterstücke, Drehbücher, Gedichte. Band I 1952–1978. Köln 1979 (Kiepenheuer und Witsch), S. 609ff.

2. Sekundärliteratur

Schulischer Adressatenkreis:
- Frank, Ursula: Sophokles: Antigone. Aachen 2005 (Bergmoser und Höller) (Unterrichtsmaterialien Deutsch betrifft uns 2/2005).
- Frausing Vosshage, Frauke: Jean Anouilh Antigone. Hollfeld 2003 (2. Aufl.) (Königs Erläuterungen und Materialien 388).
- Geisenhanslüke, Achim: Sophokles Antigone. München 2003 (Oldenbourg, Oldenbourg Interpretationen 92).
- Gelfert, Hans-Dieter: Wie interpretiert man ein Drama? Literaturwissen für Schule und Studium. Stuttgart 2002 (Reclam, RUB 15026).
- Grimminger, Rolf: Der Mythos, die Kunst und die antimoderne Moderne. In: DU 6/99, S. 8ff. (Basisartikel).
- Hermes, Eberhard: Interpretationshilfen. Der Antigone-Stoff: Sophokles, Anouilh, Brecht, Hochhuth. Stuttgart 1982 (Klett).
- Kästler, Reinhard: Erläuterungen zu Sophokles Antigone. Hollfeld 1997 (6. Aufl.) (Königs Erläuterungen und Materialien Bd. 41).
- MSWWF (Hg.): Richtlinien und Lehrpläne für die Sekundarstufe II Gymnasium/Gesamtschule in Nordrhein-Westfalen. Deutsch, Frechen 1999.
- Schardt, Friedel: Sophokles Antigone. Freising 2000 (Stark Interpretationshilfe Deutsch).
- Zink, Norbert: Sophokles Antigone. Frankfurt a. M. 1999, 11. Aufl. (Diesterweg: Grundlagen und Gedanken: Drama).
- Schau, Albrecht: Szenisches Interpretieren im Unterricht. Stuttgart u.a. 1991 (Werkstatt Literatur).

Fachdidaktische Literatur:

- Abraham, Ulf: Vorstellungs-Bildung und Deutschunterricht. In: Praxis Deutsch 154, 1999, S. 14ff.
- Behringer, Margret und Juliane Köster: Romane der Gegenwart: Literarisches Schreiben heute. Handreichungen für den Unterricht. Berlin 2003 (Cornelsen).
- Eggert, Hartmut: Literarische Texte und ihre Anforderungen an die Lesekompetenz. In: Norbert Groeben/Bettina Hurrelmann (Hg.), Lesekompetenz, Bedingungen, Dimensionen, Funktionen. Weinheim, München 2002 (Juventa).
- Eikenbusch, Gerhard: Qualität im Deutschunterricht der Sekundarstufe I und II. Berlin: 2001 (Cornelsen Scriptor).
- Grzesik, Jürgen: Textverstehen lernen und lehren: Geistige Operationen im Prozess des Textverstehens und typische Methoden für die Schulung zum kompetenten Leser. (Grundlagentexte Schulpädagogik), Stuttgart 1990 (Klett).
- Kabisch, Eva-Maria: Warum wir lesen, was wir lesen. In: Mitteilungen des Deutschen Germanistenverbandes, Heft 4, 2003, S. 518ff.
- Köster, Juliane: Die Profilierung einer Differenz. Aufgaben zum Textverstehen in Lern- und Leistungssituationen. 7./8. Jahrgangsstufe. In: Deutschunterricht 5/2003, S. 19ff.
- Köster, Juliane: Konzeptuelle Aufgaben – Jenseits von Orientierungslosigkeit und Gängelei. In: Juliane Köster, Will Lütgert, Jürgen Creutzburg (Hrsg.): Aufgabenkultur und Lesekompetenz. Deutschdidaktische Positionen. Frankfurt am Main 2004 (Peter Lang GmbH), S. 165–184.
- Kunz, Marcel: Spieltext und Textspiel. Szenische Verfahren im Literaturunterricht der Sekundarstufe II (Praxis Deutsch). Seelze/Velber 1997 (Kallmeyer).

Sonstige Literatur:

- Coenen-Mennemeier, Brigitta: Einsamkeit und Revolte. Dortmund 1966 (Lensing).
- Frenzel, Elisabeth: Motive der Weltliteratur. Stuttgart 1992 (4. Aufl.) (Kröner).
- Gerke, Hans-Joachim: Kleine Geschichte der Antike. München 2003 (dtv).
- Grant, Michael und John Hazel: Lexikon der antiken Mythen und Gestalten. München 1995 (11. Aufl.) (dtv 3181).
- Greene, Liz und Juliet Sharman-Burke: Die mythische Reise. Die Bedeutung der Mythen als ein Führer durchs Leben. Aus dem Englischen von Zoe Weller. München 2004 (atmosphären).
- Griechische Sagen. Bearbeitet und ergänzt von Richard Carstensen. München 1994 (18. Aufl.) (dtv junior 70314).
- Hamburger, Käte: Von Sophokles zu Sartre. Griechische Dramenfiguren antik und modern. Stuttgart 1962 (Kohlhammer).
- Hose, Martin: Kleine griechische Literaturgeschichte. Von Homer bis zum Ende der Antike. München 1999 (beck'sche reihe 1326).
- Hunger, Herbert: Lexikon der griechischen und römischen Mythologie. Mit Hinweisen auf das Fortwirken antiker Stoffe und Motive in der bildenden Kunst, Literatur und Musik des Abendlandes bis zur Gegenwart. Wien 1988.
- Latacz, Joachim: Einführung in die griechische Tragödie. Göttingen 1993 (Vandenhoeck und Ruprecht)
- Matt, Peter von: Verkommene Söhne, missratene Töchter. Familiendesaster in der Literatur. München 1995 (Hanser).
- Ranke-Graves, Robert von: Griechische Mythologie. Quellen und Deutung. Hamburg 1984 (rowohlts enzyklopädie 404).
- Reclams Lexikon der antiken Götter und Heroen in der Kunst. Von Irene Aghion, Claire Barbillon und Francois Lissarague. Übersetzung und Bearbeitung von Klaus Fräßle. Stuttgart 2000 (Philipp Reclam).
- Seek, Gustav Adolf: Die griechische Tragödie. Stuttgart 2000 (Reclam 17621).
- Seidel, Klaus Jürgen: dtv junior Schauspielführer. München 1996 (3. Aufl.) (dtv junior 79519).
- Stern, Carola: Männer lieben anders. Helene Weigel und Bertolt Brecht. Reinbek 2001 (Rowohlt, rororo 23005).
- Tripp, E.: Reclams Lexikon der antiken Mythologie. Stuttgart 1991.
- Vernant, Jean-Pierre: Griechische Mythen neu erzählt. Köln 2000 (DuMont Buchverlag).
- Walther, Lutz: Antike Mythen und ihre Rezeption. Ein Lexikon. Leipzig 2003 (Reclam).
- Walther, Lutz und Martina Hajo (Hg.): Mythos Antigone. Texte von Sophokles bis Hochhuth. Leipzig 2004 (Reclam, RBL 20100), S. 191f.
- Weil, Grete: Meine Schwester Antigone. Frankfurt a. Main 1982 (Fischer, Fischer Taschenbuch 5270).
- Wörterbuch der Antike mit Berücksichtigung ihres Fortwirkens. Stuttgart 1966 (7. Auflage, Kröner, Kröners Taschenausgabe Band 96).

EinFach Deutsch

Unterrichtsmodelle

Herausgegeben von Johannes Diekhans

Ausgewählte Titel der Reihe:

Unterrichtsmodelle – Klassen 5–7

Germanische und deutsche Sagen
91 S., DIN A4, kart. Best.-Nr. 022337

Otfried Preußler: Krabat
131 S., DIN A4, kart. Best.-Nr. 022331

Unterrichtsmodelle – Klassen 8–10

Gottfried Keller: Kleider machen Leute
64 S., DIN A4, geh. Best.-Nr. 022326

Das Tagebuch der Anne Frank
112 S., DIN A4, kart. Best.-Nr. 022272

Friedrich Schiller: Wilhelm Tell
90 S., DIN A4, geh. Best.-Nr. 022301

Unterrichtsmodelle – Gymnasiale Oberstufe

Barock
152 S., DIN A4, kart. Best.-Nr. 022418

Romantik
155 S., DIN A4, kart. Best.-Nr. 022382

Lyrik nach 1945
189 S., DIN A4, kart. Best.-Nr. 022379

Bertolt Brecht: Leben des Galilei
112 S., DIN A4, kart. Best.-Nr. 022286

Georg Büchner: Dantons Tod
143 S., DIN A4, kart. Best.-Nr. 022369

Georg Büchner: Woyzeck
115 S., DIN A4, kart. Best.-Nr. 022313

Friedrich Dürrenmatt: Der Besuch der alten Dame
124 S., DIN A4, kart. Best.-Nr. 022417

Friedrich Dürrenmatt: Die Physiker
102 S., DIN A4, kart. Best.-Nr. 022407

Theodor Fontane: Effi Briest
140 S., DIN A4, kart. Best.-Nr. 022409

Theodor Fontane: Irrungen, Wirrungen
89 S., DIN A4, kart. Best.-Nr. 022388

Max Frisch: Homo faber
88 S., DIN A4, geh. Best.-Nr. 022315

Johann Wolfgang von Goethe: Faust I
145 S., DIN A4, kart. Best.-Nr. 022277

Johann Wolfgang von Goethe: Die Leiden des jungen Werthers
128 S., DIN A4, kart. Best.-Nr. 022365

Gerhart Hauptmann: Die Ratten
122 S., DIN A4, kart. Best.-Nr. 022427

E.T.A. Hoffmann: Der Sandmann
123 S., DIN A4, kart. Best.-Nr. 022357

Franz Kafka: Erzählungen
ca. 128 S., DIN A4, kart. Best.-Nr. 022422

Franz Kafka: Der Prozess
143 S., DIN A4, kart. Best.-Nr. 022363

Heinrich von Kleist: Michael Kohlhaas
100 S., DIN A4, kart. Best.-Nr. 022349

Gotthold Ephraim Lessing: Emilia Galotti
141 S., DIN A4, kart. Best.-Nr. 022279

Robert Musil: Die Verwirrungen des Zöglings Törleß
153 S., DIN A4, kart. Best.-Nr. 022400

Friedrich Schiller: Don Carlos
182 S., DIN A4, kart. Best.-Nr. 022420

Friedrich Schiller: Die Räuber und andere Räubergeschichten
134 S., DIN A4, kart. Best.-Nr. 022343

Christa Wolf: Kassandra
109 S., DIN A4, kart. Best.-Nr. 022393

Schöningh Verlag
Postfach 2540
33055 Paderborn

Schöningh

Fordern Sie unseren Prospekt zur kompletten Reihe an:
Informationen 0800 / 18 18 787 (freecall)
info@schoeningh.de / www.schoeningh-schulbuch.de